人生は
八十歳から

孔子ならこう生きただろう

Nobuyuki Yasui
安井信之

桜山社
SAKURAYAMA SHA

人生は八十歳から

孔子ならこう生きただろう

安井信之

はじめに

すでに始まった、百歳までどう生きるかの時代が。
孔子は七十四歳までの人生を次のように振り返っている。
十五にして学に志《こころざ》す（志学）
三十にして立つ（独立）
四十にして惑わず（不惑）
五十にして天命を知る（悟り）
六十にして耳順《したが》う（よく聞く）
七十にして心にして心の欲するところに従えども、矩《のり》をこえず（修養の極致）
孔子は七十四歳で天寿を全うしたが、もし百歳までの寿命であったとしたら、どう生きただろうか？
アメリカの分子生物学者ブラックバーン（Blackburn）博士は、「病は気から」を力説している。前向きの気持ちを持つ人は、細胞が変化、活性する。
調査結果によれば、そうでない人より六、七歳寿命が長いという。ポジティブ心理学といって、週に一、二度寝る前に、「今日はどう生きてきたか、明日はどうするか」を問答するのが良いそうだ。

沖縄で百歳以上の人を対象にした研究によると、あの悲惨な戦争の中をよく生きてきたと、前向きにとらえ、嘆きよりもむしろ感謝の念を抱いているという。むしろ戦争という「難」が「有」った、すなわち難があったからこそ、それを乗り越えることができた。ゆえに「有難う」、と。

２０１８年日本全国で百歳以上の人口は3万５０００人、２０３０年には百倍の３５０万人、これから生まれてくる赤ちゃんは、さらなる傾向で百歳以上の寿命になるとの民間研究が発表されている、と聞く。

人生百年時代を迎えた今日、八十歳は序の口です。これからどう生きるべきか、あなたと一緒に考える。そして、それに役立つ名言の数々を用意した。

これ、この本を書き始めた原点なり！

人生は八十歳から　孔子ならこう生きただろう　目次

はじめに　●2

第一章　名言を歴史から学び、未来へつなごう　●23
歴史あるところに、必ず感銘あり
感銘あるところに、必ず名言あり　●24
その一　名言とは至言をいう、すなわち、「道理にかない、極めてもっともな言葉」　●24
（1）至言實也　●24
至言實也　八十翁書
（2）格言・名言は一冊の本に勝る　●24
（3）愚者は経験に学び、賢者は歴史に学ぶ　●26
愚者は経験に学び、賢者は歴史に学ぶ　泰山かく
その二　中国の四書・五経から学ぶ　●26
（1）中国の四書・五経とは？　●26
（2）四書・五経の内容　●26

（３）四書・五経の主たる名言　●31
その三　史記他の中国書に学ぶ　●52
（１）史記～史記１２０巻、漢の司馬遷の撰～　●52
（２）他の中国書（四書・五経、史記以外の著名書）　●52
（３）史記の主なる名言集　●52
その四　日本・西洋の哲学者から学ぶ　●54
（１）世界的哲学者の名言集
主なる哲学者名：アリストテレス、パスカル、ヘンリー・ロー、老子、レオナルド・ダ・ヴィンチ、スティーブン・コヴィ、平田晴耕、森有正、ソクラテス、プチトン、アリストテレス、アウグスティヌス、マキャベリ、レヴィナス、ボーヴォワール、カミュ、ドウルーズ、ベーコン、デカルト、スピノザ、ルソー、アダムスミス、カント、ベンサム、ミル、マルクス、ライプニッツ、ニーチェ、サルトル、ヴォーヴナルグ、ベルグソン、西田幾多郎、ショウペンハウエル

第二章　この世に生まれたからには、幸せに生きよう　●61

〜名言と共に、人生意気に感ず〜

人生意気に感ず、功名誰か復た論ぜん　●62
人生感意気　八十翁書
「自分は幸福」と思う人が幸福になる　●63
自分を幸福だと思わない人は決して幸福になれない　サアラス　泰山かく
幸せは音もたてずにやって来て音を立てて去っていく　●64
幸せは音もたてずにやって来て音を立てて去っていく　泰山かく
幸福とはそれ自体が長い忍耐である　●65
幸福とはそれ自体が長い忍耐である　泰山かく
青春とはある期間をいうのではなく、心の様相をいうのだ　●66
（1）ドイツの詩人 サムエル・ウルマンの詩「青春」　●66
（2）何故、どのようにしてこの詩が日本中に広がったか？　●67
青春　八十翁書
人生は生涯学習なり　イチロー選手　●68
活到老　学到老　八十翁書

仕事が楽しみなら人生は極楽だ。仕事が義務なら人生は地獄だ。　泰山かく
君子は上達し、小人は下達す　●71
寧《むし》ろ鶏口となるも牛後となるなかれ　●72
君子上達　小人下達　八十翁書
窮則変　変則通　通則久　●72
窮則変　変則通　通則久　八十翁書

◆コーヒーブレイク
世の中で一番大切なものは、お金で買えないもの　●74

人生百年の時代が始まった　●76
その一　長生きの秘訣は笑いにあり　●76
人は笑いと涙の間を往復する時計の振り子である　●76
人は笑いと涙の間を往復する時計の振り子である　バイロン　泰山かく
神の前で泣き人の前で笑え　●77
神の前で泣き人の前で笑え　タルムード　泰山かく

その二　友だちの数で寿命はきまる〜人との「つながり」が最高の健康法〜　●78
○社会生活で、役職に就いた人ほど長生きする　●78
○難事が有るから頑張れる、だから「有り難う」　●79
「難」が「有る」　だから克服できる　よって、「有り難う」　八十翁書
その三　人、集まるところに笑い・幸あり　●80
○千客万来　●80
○朋《とも》、遠方より来たるあり、亦《ま》た楽しからずや　●80
○同声は相応じ、同気は相求む　●80
同声相応　同気相求　八十翁書
○千里の縫迎高朋《ほうげいこうほう》座に満つ　●81
高朋満座　八十翁書
◆コーヒーブレイク
友なる者はその徳を友とするなり〜浅井慎平君は徳ある友か？〜　●82

芥川龍之介「人生は地獄よりも地獄的である」●84
◆コーヒーブレイク
芥川龍之介（1892年〜1927年）の人生観 ●85
有能な馬鹿になるよりは知性ある落伍者でいるほうが良い ●86
有能な馬鹿になるよりは知性ある落伍者でいるほうが良い　泰山かく
どんな人生ドラマも「一期一会」に始まる ●88
（1）藤井聡太少年 ●88
（2）藤沢秀行名誉棋聖 ●88
一期一会　藤沢秀行書
過《あやま》ちを改めざる、これを過ちという〜アフリカ・ジンバブエの経済破綻〜 ●90
後悔先に立たず　八十翁書

第三章　名言を学び、自分を磨こう～働く喜び、学ぶ喜びから～

学びて時に之を習う、亦《ま》た説《よろこ》ばしからずや　●94
学問のすすめ　八十翁書
一冊の書で人生が変わる　●95
一人の子供、一人の教師、一冊の本、一本のペンでも世界は変えられる　●95
天は人の上に人をつくらず、人の下に人をつくらず　八十翁書
行くに径《こみち》に由《よ》らず　●97
大道無門　八十翁書
備えあれば患《うれ》いなし　●99
～我れ、終活完了せり～
南無阿弥陀仏　瑞春寺僧侶書
◆コーヒーブレイク
入るを量りて、以って、出ずるを為す（礼記）　●100
貧夫は財に殉じ、烈士は名に殉ず　●101

烈士殉名　八十翁書
虚心坦懐　● 103
老年は我々の顔よりも心に多くの皺を刻む　● 104
老年は我々の顔よりも心に多くの皺を刻む　泰山かく
国家戦争と企業経営は同じ、失敗すれば滅びる　● 105
（1）企業経営と孫子の兵法　● 105
（2）国家戦争は逆徳なり、争いは事の末なり　● 107
寿　八十翁書
明日を必要としない者が、最も快く明日に立ち向かう　● 109
明日を必要としない者が、最も快く明日に立ち向かう　泰山かく
見張りの者を誰が見張る　● 110
見張りの者を誰が見張る　泰山かく
太陽は万人に輝くが　多くは日陰にいる　● 111
太陽は万人に輝くが　多くは日陰にいる　泰山かく

◆コーヒーブレイク
21世紀の最大問題「飢餓」に関心を!　●113
沈黙は金なり　(雄弁は銀　沈黙は金なり)　●115
言うべき時を知る人は黙すべき時を知る　アルキメデス　泰山かく
だまっている奴は危険だ　騒ぎたてる奴はそうでもない　泰山かく
我れ、木鶏たりえず　双葉山　●117
木鶏　泰山かく
日に新たに、日々に新たに、また日に新たに　●118
将棋界物語　その一　板谷四郎八段　●118
日に新たに、日々に新たに、また日に新たに　八十翁書
事実は小説よりも奇なり　●120
将棋界物語　その二　板谷進九段　●120
事実は小説よりも奇なり　八十翁書

少年よ、大志を抱け　クラーク博士　●123
将棋界物語　その三　杉本昌隆師匠と藤井聡太少年　●123
志在千里　八十翁書

◆コーヒーブレイク
〜「少年よ大志を抱け」、実は「明治政府が大志を抱いた結果」であった〜　●127
少年よ大志を抱け　八十翁書

将棋界物語　その四　板谷進九段のもう一つの夢「東海に将棋会館を」　●128
奇跡を願うのは良いが、奇跡に頼ってはいけない　●128
奇跡を願うのは良い。だが奇跡に頼ってはいけない　泰山かく
物事は反対側からの景色を見て行動せよ
〜裏側から見る景色は意外に美しく、見る価値がある！〜　●130

その一　企業・会社経営‥
経営者・企業家は相手・お客さん側に立って考え・行動せよ　●131
◆コーヒーブレイク
ＭＢＡ履修科目　●132
その二　自分自身の行動‥人の振り見て、わが振り直せ　●133
他人の失敗は自分の成功より重要だ　●133
他人の失敗は自分の成功より重要だ　泰山かく
◆コーヒーブレイク
反対側からの景色も時と場合によりけり　●134
その三　囲碁・将棋などの勝負事　●135
岡目八目　●135
敵の心になり手を考えよ、敵の傷を利用せよ、敵の急所は自分の急所、敵の注文

に応ずるのは拙なり ●135

◆コーヒーブレイク
～不思議な勝ち方はあるが、不思議な負け方はない～ ●136
一番の危険は「安全地帯の中」にあり　八十翁書

その四　ゴルフ：グリーン上のライン読み ●138
ゴルフ・グリーンのラインはピンの反対側から読め ●138
その五　株式投資の心構え ●139
人の行く裏に道あり花の山 ●139
反対側の景色が美しい　八十歳翁書

第四章　現代中国からは何を学ぶか？～古代中国から大いに学んだ日本～ ●143
その一　現代中国の問題点「都合の悪いことはもみ消す体質」 ●144
～言論の自由の束縛、人権軽視～
中国経済大問題点の一つ「知的財産権」への軽視 ●146

民、信なくば立たず ●147
その二　中国新スローガン「社会主義核心価値観」の意味すること ●149
民無信不立　八十歳翁書
その三　物事・表現は反対側を読み取ろう ●152
～習近平の新スローガンの意図～
(1) 右手の中に見えない物が、左手の中に見える！ ●152
(2) 右手の法則、左手の原理～虚像と実像～ ●152
(3) ジョン・フレミングの左手の法則、右手の法則 ●154
右手の法則、左手の原理　八十翁書
その四　文化はその国の財産であり、民力の水準である ●155
～中国の文化大革命は、歴史的汚点～
文化はその国の財産であり、民力度の水準なり　八十翁書
その五　中国文化に復調の兆し「司馬遷史記博物館」オープン ●156
第五章　趣味の楽しみを味わおう！～挑戦～ ●159
挑戦　八十翁書

伝統ある日本文化を楽しもう　●161
（1）俳句、短歌、絵画や書道を楽しもう　●161
（2）漢字の起源　●162
虞美人草　泰山かく

◆コーヒーブレイク
歴史あるところに必ず感銘あり、
感銘あるところに、必ず名言あり　●164
重みある囲碁の歴史　●164

「囲碁は忍なり」を意識するだけで上達する～島村俊廣九段の座右の銘は「忍」～　●166
堪忍のなる堪忍は誰もする　ならぬ堪忍するが堪忍　泰山かく
ゴルフは意識革命で上達する　●170
意識革命だけで上達する　八十翁書
下手な考え、休むに似たり　八十翁書

テニスは「この一球哲学」の理解で上達する　●171
一球入魂　八十翁書
ジム通いで、健康と和らぎを！～健全なる精神は、健全なる身体に宿る～　●174
健全なる精神は、健全なる身体に宿る　八十翁書
ＡＩは誰からも教わっていないのに、なぜ強いか？　●178
「脳の活性化」の特効薬は数独、クイズ、パズル　●179
一袋の知恵は、一貫の真珠に優る　●191
一袋の知恵は、一貫の真珠に優る　泰山かく

◆コーヒーブレイク

無責任人間の名言　●192
人は転ぶと坂のせいにする。坂がなければ靴のせいにする。靴がなければ石のせいにする。なかなか自分のせいにしない　●192
自分は何も悪くない、全て相手のせいだ　八十翁書

第六章　先人たちの偉業に敬意　●193
為せば成る、為さねば成らぬ何事も、
成らぬは人の為さぬなりけり　●194
その一　八十歳の手習い、星山君子さん　●194
柳緑花紅　星山君子書
松無古今色　星山君子書
有能な者は行動し、無能な者は講釈をする　泰山かく
その二　「論語読みの論語知らず」～倫理問答～　●199
こんな時、孔子ならどうするか？　カントならどうするか？
論語読みの論語知らず、八十翁書

◆コーヒーブレイク
ドイツ哲学者：エマニエル・カント（１７２４～１８０４年）　●203

その三　２０１８平昌冬季オリンピック、
日本チームが生んだ「勝利の方程式・仁の世界」　●204

仁人《じんじん》は天下に敵なし　仁を好めば、天下に敵なし　●204
百花繚乱　八十翁書

◆コーヒーブレイク
〜2018年平昌冬季オリンピック・パラリンピック成績〜　●207

その四　「輸入産業を輸出産業へ」の夢に挑戦した男　●208
夢の中に、又その夢を占う

人は働くために創造せられた
瞑想し感じ又は夢みるためではない　●208
人は働くために創造せられた　瞑想し感じ又は夢みるためではない　泰山かく
仕事が楽しみなら人生は極楽だ
仕事が義務なら人生は地獄だ　●212
仕事が楽しみなら人生は極楽だ　仕事が義務なら人生は地獄だ　泰山かく

夢　八十翁書
その五　福沢諭吉の偉大さは「愛」　●215
愛はすべてを乗り越える
愛　八十翁書
その六　信念の人：内山正熊先生の人生航路　●216
仁は人の心なり　義は人の路《みち》なり
真心　八十翁書
おわりに　●220
大切なのは普通の語で非凡な内容を表わすことだ　●220
大切なのは普通の語で非凡な内容を表わすことだ　泰山かく
目出度　八十翁書
参考文献　●224

第一章　名言を歴史から学び、未来へつなごう

歴史あるところに、必ず感銘あり
感銘あるところに、必ず名言あり

その一　名言とは至言をいう、すなわち、「道理にかない、極めてもっともな言葉」

（1）至言實也

『史記商君列伝第八』に出てくる言葉に、貌言華也、至言實也、苦言薬也、甘言疾也がある。

貌言《ぼうげん》は華《はな》なり：うわべを飾った言葉は美しい。
至言《しげん》は實《じつ》なり：道理にかなった言葉はひときわ味がある。
苦言《くげん》は薬《くすり》なり：適切な注意をしてくれる言葉は薬である。
甘言《かんげん》は疾《はな》なり：甘い言葉は危険である。

この中で「至言實也」が名言に最もふさわしい。

（2）格言・名言は一冊の本に勝る

ロシアの詩人プーシキンは、「格言や名言はたとえ意味が分からなくても、驚くほど役に立つ」、ドイツの詩人ゲーテは、「名言集や格言集は社会人にとって、最も賢い友人である」、そしてフランスの作家ルナールは、「一つの名言は多くの本の一冊に勝る」と言っている。

この本が、あなたのこれからの人生に少しでもお役に立てば幸いです。

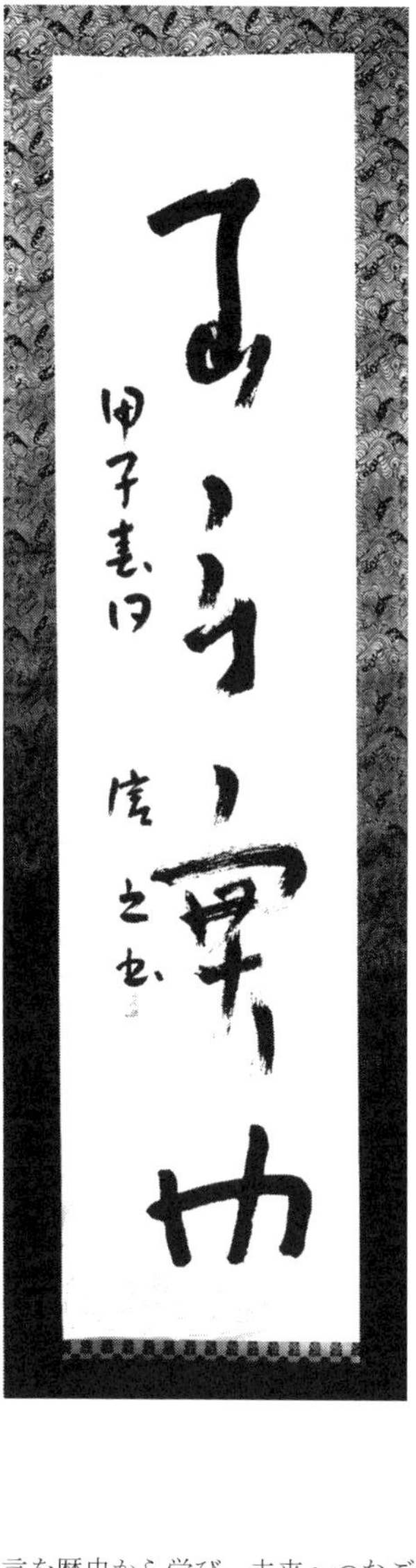

八十翁書

（3）愚者は経験に学び、賢者は歴史に学ぶ

19世紀、ドイツ初代大統領ビスマルク曰く、「愚者は経験に学び、賢者は歴史に学ぶ」と。

世界的名言・格言に触れるにつき、先人たちの言葉を参考にします。まずは、

一　中国・孔子に敬意を表し、論語をはじめとする四書・五経
二　その他の中国書
三　日本はじめ世界の哲学者の名言

その二　中国の四書・五経から学ぶ

（1）中国の四書・五経とは？

「四書・五経」は世界を代表する名著であり、格言・名言の宝庫である。

四書：大学、中庸、論語、孟子
五経：易経、書経、詩経、春秋、礼記　を指す。

（2）四書・五経の内容

○大学：大学は、もと「中庸」とともに「礼記《らいき》」の中の一篇であった。それが、宋代

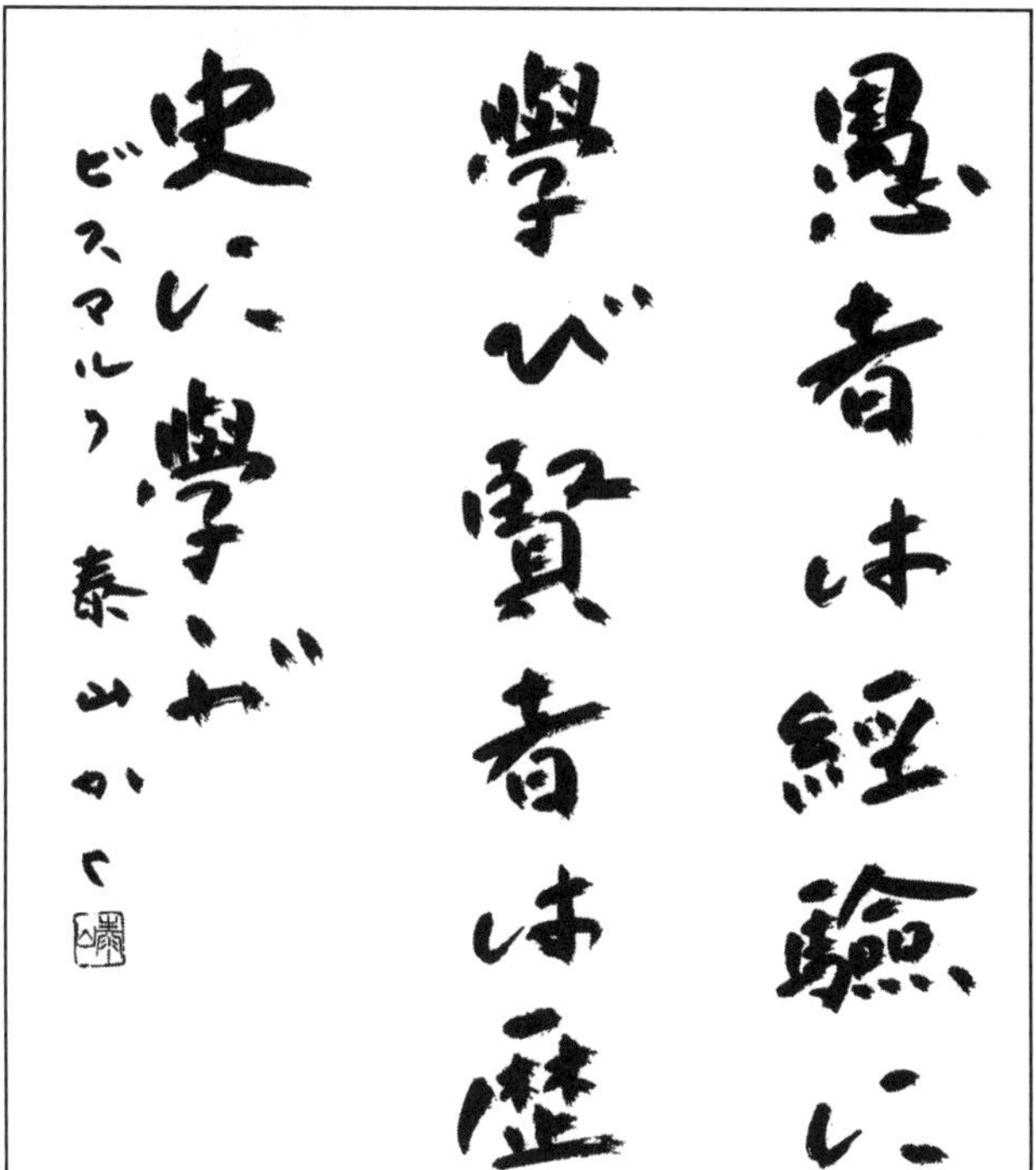

泰山かく

以来単行本として独立、これを朱子が「四書」の一つとしたことから特に広く世に広まった。その内容は、「政治の最終目的は治国平天下にあるが、これを実現するためには、まず家を整え、身を修めなければならない。身を修めるには、心を正しく意を誠にしなければならない。この正心誠意を身に着けるためには、物の道理を極め、学問を修得しなければならない」ということを整然と条理のもとに論じたものである。

○中庸：中庸とは、偏ることのない「中」をもって「常」の道を成す、の意。

○論語：論語とは、孔子（世紀前552〜479年）の言行を記録したものである。論語は、世紀285年に、百済《くだら》の博士王仁《わに》によって日本に伝えられた。日本最古の書「古事記」ができたのが712年（和銅5年）であるから、それに先立つ427年前である。すなわち、日本人が手にした最初の書物であった。

○孟子：孔子の学統は曽子に伝わり、曽子の学統は孔子の孫、子思《しし》に伝わり、その子思の門人の教えを受けたのが孟子である。

孔子に「論語」があり、曽子に「大学」があり、子思に「中庸」があり、孟子に「孟子」の書があるので、孔、曽、思、孟の学統と「四書」の書とは関係が深い。

○易経：易経は、五経の一つに数えられる経典であり、人間処世上の指針教訓の宝庫である。

○書経：五経の一つである「書経」は、はじめ単に「書」と呼ばれ、漢代には「尚書」と、宋代以後に「書経」と呼ばれている。中国の歴史を知る上で最も貴重な書物である。

○詩経：思無邪：思い邪《よこしま》無し

考えに邪心がない、の意。「思無邪」は詩経を代表する有名な言葉になっている。すなわち、孔子が「詩経の三百首を一言で表現するならば、思無邪、すなわち、考えに邪念がなく素晴らしい」と述べたことに起因する。

詩経は中国最古の詩篇である。詩経の「詩」は地方民謡、朝廷の雅楽、祭祀の寿詞を意味し、作者は高貴な人々、とある。

孔子は「詩三百、一言以ってこれを蔽《おお》う、曰く、思い邪なし」と、後人は「温柔敦厚は詩の教えなり」と共に絶賛している。

○春秋：春秋は魯の国の史記をもとにして孔子が筆削したもの。春秋三伝の一つ、春秋左氏伝《さしでん》が中心のため、略して「左伝」ともいわれる。

○礼記：礼記は、礼に関する理論及び実際を記録編集したものであるから、当時の社会、制度、習慣を知るには絶好の書である。

庚子夏日寫
蕉石桐

（3）四書・五経の主たる名言

四書・五経の書物には数え切れない名言があるが、共通点もある。人間学上の原点である「仁」「礼」「徳」「信」「善」「愛」「義」「和」「誠」などに関連する名言は各書にそれぞれ記されている。勿論、共通とは言え、各書の特色、重点は異なるため表現に差がある。それらの主な名言をまとめてみた。そこから逆に各書の特徴が把握できましょう。

人間学の原点、

「仁」「礼」「徳」「信」「善」「愛」「義」「和」「誠」などに関連する名言

大学　**大学の道は、明徳を明らかにするに在り。民を親《あら》たにするに在り。至善に止まるに在り**

【大人、君子の学の目的とするところは、第1には天から授けられた徳性、すなわち良心を立派に磨き上げることであり、第2には一人おのれを磨き上げるのみならず、それを推し広めて、世の一般の人々をも、昨日よりは今日、今日よりは明日と、明徳を明らかにせしむることにある。そして第3には、二つの項目を至高至善の地位に保たせる、それが大学の真の目的である】

大学　**明徳を明らかにす**

【人間には立派な徳性がある、明徳、俊徳ともいう。いわば良心のこと。明鏡でも曇る、良心も欲望などで曇る。これを明らかにするのが修養なり】

大学　**徳は本なり、財は末なり**

【有徳者がいれば人も財も集まる、よって徳が本で財が末】

大学　**善をもって宝とす**

【楚の国には善人がいることが宝である】

大学　**仁者は財をもって身を発し、不仁者は身をもって財を発す**

【仁ある人は財を世に施す、無き人は道に外れても財を作ろうとする】

中庸　**君子は中庸をす。小人は中庸に反す**

【君子は偏らない中正な生き方をするが、小人はそれに反する生き方をする】

中庸　**誠は天の道なり、誠を思うは人の道なり**

【天道の運行には一つの誤りもない、春が過ぎれば夏が来、夏が過ぎれば秋が来る。夜が過ぎれば昼が来る、昼が過ぎれば夜となる。だから、「誠は天の道なり」という。しかし、多くの人間には私心が働いて、天道に背きがちである。そこで努力して天道、すなわち、誠をわが身に実現するのが人間の道である】

中庸　**誠よりして明らかなる之《こ》れを性と謂《い》い、明らかにするよりして誠なる之れを教**

えと謂う

【天理と人性とはもと同一のものであるから、天理を究めれば人性がわかる。人性を極めれば天理がわかる。そこで修養の方法にも二つある。誠、すなわち、わが良心をよく究めて、それを推し広めて万物の理を悟る方法、この方法のできる人は天性の賢人で、教えを待たない。これに反し、動植物は賦与された天理を一つ一つ明らかにすることによって、我が誠、すなわち良心を確認しようとする方法、これは教えを待つもので、賢人以下の人であろう。しかし、両者ともその極みに至れば、結局同一の至善に帰すものである】

中庸

誠は物の終始なり、誠ならざれば物なし

【一切は誠に始まり、誠に終わる。誠は一切の根源であり、誠がないとすれば、そこにはもう何もありえない】

論語

子（孔子）曰く、学びて時にこれを習う、亦《ま》た説《よろこ》ばしからずや。朋《とも》遠方より来たるあり、亦た楽しからずや。人知らずしていきどおらず、亦た君子ならずや

【これは論語の最初の一章。学問をしてその学んだことを機会あるごとに復習し訓練していけば、その学んだものが真のわが知識となって身につく。それはなんと喜ばしいことではあるまいか。また、自分の身が収まれば自然同士の者もできよう、共鳴者もできよう、そして、それらの人が遠方からやってくるとせば、これまた楽しいことではあるまいか。しかし、人生は必ずしも常に平平たる順路のみではない。時にはかえって誤解し、曲解することもないではない。たとえ自分が立派でも、世間が全部認めるとは限らない。そのような場合でももしその人が分を知り命に安んじて、天をも恨まず人をもとがめず、信ずるところに向かって行動すれば、それこそ誠に、成徳の君子といってよかろう】

論語 **学びて時に之を習う、亦《ま》た説《よろこ》ばしからずや**

【一度学ぶと分かったように思うが、そうではない。繰り返し復習すると会得できる。これが本当の、学ぶ喜びである】

論語 **故きを温ねて新しきを知る（温故知新）**

【何ごとにもあれ、過去をたどり、それを十分に消化して、それから未来に対する新しい思想、方法を見つけるべきだ】

論語 **和を貴し、となす**

【何をやっていくにも、人と人との和がなくては、できるものではない。和こそ尊ぶべき道である】

論語 **信〝義に近きときは〟言ふむべし**

論語

仁に里《お》るを美となす

【道理にかなわない約束はすべきでない。それは果たすことができないからだ】

【仁をもって行動のよりどころとし、陣の道に外れない心を持ち、精神を仁の世界に置く。これが人間として美しいのだ】

論語

不仁者はもって久しく約におるべからず

【仁の道を心得ない人は、精神的にも物質的にも、長い間、窮屈な生活に耐えられない。結局は堕落する】

論語

仁者は仁に安んじ、知者は仁を利す

【仁者は仁を行い、仁の道に生きる、そこで安心を得る、知者はしばしば利に走る。ゆえに、仁者は知者に勝る】

論語

仁者は能《よ》く人を好《よみ》し、能く人を悪《にく》む

【仁者は良いことは良い、悪いことは悪い、と公平である。だから、仁者は人を愛し親しむ反面、人を悪む】

論語

いやしくも人に志せば、悪しきことなし

【仁に生きるとは、純粋の心で行動すること。かりそめにも仁に生きようとするなら、その心に悪を生ずることはありえない】

論語
君子は仁を去りて、悪くにか成さん
【権力、富貴、学問、芸術などで名をあげる道はある。しかし、真の人間は仁を行う以外のことで、名声を得ようとは思わない】

論語
過ちを観て、ここに仁を知る
【誰も過ちはするが、その仕方で、人格がわかる】

論語
徳は孤ならず、必ず隣《りん》有り
【徳を行っている限り、人は決して孤立しない】

論語
仁者は山を楽しむ
【仁ある人は動かざる山のように利害・栄辱などの心を持たない】

論語
仁者は静かなり
【仁ある人は静かで、流転の世に対しても不動の態度を持している】

論語
仁者は寿し
【仁ある人は外部の事情に動かされず、自然安立、よって長寿なり】

論語
道に志す
【まず志《こころざ》せ、そして人としての道を修めることを目標に励め】

論語
仁を求めて仁を得たり。又た何をか恨まん

【我、仁を求めて行動した、悔いはない】

論語

我れ、仁を欲すればここに仁至る

【仁でありたい、こう思うことでなし得るだろう】

論語

道あれば即ち現れ、道なければ即ち隠る

【道が行われている社会ならば、出て活動するがよく、道のない社会では、むしろ引退して遠ざかるがよい】

論語

仁者は憂えず　知者は惑わず　勇者は懼れず

【世の中で実践すべきは、仁・知・勇、の三つ。仁者はやましさなく、知者は道理をわきまえ、勇者は懼《おそ》れない】

論語

仁を為すは己による、人によらず

【仁の道を求むは自分自身、他人の力に頼らない】

論語

勇ありて義なければ乱為す

【勇気があっても義がなければ、反乱の恐れあり】

論語

和して同ぜず

【君子は人と和合はするが、雷同はしない】

論語

仁に当たりては師に譲らず

論語

【先輩、後輩、友達には仁で、師に対しては猶更のこと】

論語

礼を学ばざれば、以って立つことなし

【礼は世の中に立つ根拠、だから学ぶべし】

論語

礼を知らざれば、以って立つことなし

【礼は社会人としての背景だから身につけよ】

論語

恭なれば即ち侮らず

【己の態度が恭しければ、他人からあなどり受けることはない】

論語

寛なれば即ち衆を得

【寛大なる人は、多くの人の心をとらえる】

論語

信なれば即ち人任ず

【信義に満ち、偽りなき人には安心して委ねることができる】

論語

朝《あした》に道を聞けば、夕べに死すとも可なり

【もしも、朝、真実の道を開き、これを体得しえたならば、その夕べに死んだとしても、それで悔いはない。人間の在り方・生き方を知ることは、それほどにも重大事なのだ】

論語

過ぎたるは猶及ばざるが如し

【道は中庸にある。何事も過ぎたことも間違いなら、及ばないことも同じぐらい間違いである】

論語

君子は上達し、小人は下達す

【何事においても、その心がけによって、君子は上達をするが、小人は事に当たるごとに一歩一歩下落していく】

論語

過ちを改めざる、これを過ちという

【人間である限り過ちのないものはない。だが、本当の過ちとは、過ちと知りながら反省を怠り、なお改めないことだ。過ちをあれこれと悩んだり、例えば、割ってしまったコップのかけらを拾い集め合わせることで問題は解決しない。過ちの原因を反省し、二度と繰り返さないよう自覚することである】

論語

行くに径《こみち》に由《よ》らず

【大道をまっすぐ進むがよい。それは、よし回り道に見えても、平らで正しい。これに反し、近道とも見え、変化の魅力を持っていても、小径（道）はやがて行き詰まりが来る】

論語

敏なれば即ち巧あり

【敏速にことを処理すること。そうすれば、必ず成果が上がる】

論語

論語　**可もなし不可もなし**
【あれを可とせず、またこれを不可としない。つまり、要は一つの立場に固執せず、時の最善を探る】

論語　**賢者はその大なるものを識《し》り、不賢者はその小なるものを識る**
【賢者は常に問題の大きなところに着眼して大きなことを知り、賢者ならざる者は常に大きなことに気が付かず、小さなことを知る】

論語　**言を知らざれば、以って人を知ることなし**
【人を知らなければ、人との付き合いはできない。まして人を用いることもできない。人を知るということは、その人の長短・才能・性向をつかむことである。それには、相手の言葉をまず理解しなければならない】

論語　**民、信なければ立たず**（政治家が好んで使う言葉）
【国民に信用・信頼されなければ、政治は成り立たない】

論語　**小利を見れば、則ち大事に成らず**
【目先のことにとらわれると、対局を誤る。小さな利益に心を奪われては、大きな仕事はできない】

孟子　**何ぞ必ずしも利と曰わん、亦、仁義あるのみ**

【どうして直接の利益についていう必要があろうか。あなたもまた王のように！
必要なのは仁義の道だけである】
孟子

仁者には敵なし

【仁者に対しては天下に敵はいない。
梁の恵王が「国辱をすすぐにはどうしたらよいか」という質問に対して孟子は
「仁政を施して民の心を安んじることが先決だ」と進言した】
孟子

徳をもって仁を行う者は王たり

【仁政に当たる王こそ、徳あるべきである】
孟子

惻隠《そくいん》の心は仁の端《たん》なり

【思いやりの心は仁の端緒なり】
孟子

羞悪の心は義の端なり

【自分の不善を恥じ、人の悪を憎む心は義の始まり】
孟子

是非の心は智の端なり

【是と非の判別する心は智の始まり也】
孟子

人に取りて以って善をなすを楽しむ

【他人の行いを見て、その善を行うを楽しめ】
孟子

孟子
人と善を為すより大なるは莫《な》し
【他人と一緒になって善をなす。これ君子！】

孟子
天の時は地の利に如かず、地の利は人の和に如かず
【天の時を得ても地の利がなければ成就しない、地の利があっても人の和がなければ成功しない。人の和が大切】

孟子
父子親あり、君臣義あり、夫婦別あり、長幼序あり、朋友信あり
【親子の間は親愛、君臣の関係は義理、夫婦の関係は礼、長幼の間は秩序、友達間では信義が本《もと》也】

孟子
道は二つ、仁と不仁とのみ
【世の中に道は二つ、仁か不仁しかない】

孟子
三代（夏・殷・周）の天下を得るや仁を以ってし、その天下を失うや不仁を以ってす
【天下が取れたのは仁政をとったから、失ったときは仁なき政治をしたからである】

孟子
国君《こくくん》仁を好まば、天下に敵なし
【仁ある政治をすれば、天下に敵なし】

孟子
仁は人の安宅なり、義は人の正路なり
【仁は人が安んじる住まい、義は歩むべき道】

孟子
道は近きにあり、しかるにこれを遠きに求む
【身近に道あり、遠きに求む必要なし】

孟子
誠は天の道なり、誠を思うは人の道なり
【誠こそ天の道、誠を思う心は人の道】

孟子
人を愛する者は、人恒《つね》にこれを愛し、人を敬する者は、人恒にこれを敬す
【人を愛す人は他から愛され、人を敬する者は人から尊敬される】

孟子
友なる者は其の徳を友とするなり
【友人とは、その人の徳を認め、それを友とする】

孟子
仁は人の心なり、義は人の路なり
【仁は人の心の自然であり、義は人の踏みゆくべき正当な道だ。にもかかわらず、この道を踏み行おうとせず、この心を放ち失って求めることを知らないのは哀しいことである】

孟子
仁の不仁に勝つは、なお水の火に勝つがごとし
【水が火に勝つ如く仁は不仁に勝つ】

孟子　**仁人は天下に敵なし**
【仁ある人は勝てる】

孟子　**仁を好めば、天下に敵なし**
【仁人には天下に敵なしであるから、もし一国の主が仁を好めば、天下中を探してもこれに敵し得るものはいない】

孟子　**仁なるものは人なり**
【仁ある人こそ真の人なり】

孟子　**求むれば則ち之を得、舎《す》つれば即ち之を失う**
【求めれば得ることができ、捨てておけば喪失する。すなわち仁義礼智信などの徳性は、もともと人間の内面にあるものだから、あとはその人の求めるか、求めないかの心がけにかかっている】

孟子　**恥ずることなきを之れ恥ずれば、恥じなし**
【無恥を恥じる心があれば、その人は恥ずべきことのない人だ】

孟子　**進むこと鋭き者は、其の退くこと速やかなり**
【出足が早いものは、その後退も早い（ただし、一時に力を出しすぎると、その勢力は早く衰える）】

民の楽しみを楽しむものは、民も亦たその楽しみを楽しむ　孟子

【仁君が人民と楽しみを同じくすれば、人民もまた、その君の楽しんでいるものを楽しむ。こうして上下心を一つにすれば国は良く収まるものだ】

幽谷より出でて、喬木に遷《うつ》る　孟子

【春になって鶯などが奥深い谷の中から出てきて、都の喬木に泊まる。人が卑賤から高貴に出世する、の意】

友なる者はその徳を友とするなり　孟子

【友というものは、元来、その人の徳を認めそれを友とすべきものだ】

君子・大人《だいじん》は豹変し、小人《しょうじん》は面《おもて》を革《あらた》む　易経

【君子は日進月歩に、虎の皮模様のように美しく変化する、これにたいし小人は心にもなく顔面だけ、上の人の意に従う態度をとるものだ】

窮すれば則ち変じ、変ずれば則ち通ず、通ずれば則ち久し　易経

【何事も窮すれば必ず変化が生じ、それにうまく対応すれば新たな局面に通じる。そして通ずれば、また久しくよき時が続く、の意】

礼に非《あら》ざれば履《ふ》まず　易経

【礼を外れたことは、ふまない（行わない）】

易経　**天地の道は、恒久にして已《や》まず**

【天地の道というのは永遠に続いてやまない】

易経　**治まれども乱を忘れず**

【いま泰平であるからといって、いつ乱世にならぬとも限らない、ということを忘れてはならない】

易経　**何をもってか位《くらい》を守る、仁と曰《い》う**

【一番の宝は天子の位であるが、そのくらいを守れるのは仁の道である】

書経　**民は常に懐《なつ》かず、仁ある（君）に懐く**

【民は特定の君に懐くものではない。ただ、仁徳のある君にのみ懐くのである】

書経　**（武王）一徳一心**

【武王曰く「(民と) 同じ道徳に立ち、同じ心をもって事に当たる。そのようにして、われわれの世を永く保とう」】

書経　**古訓を学べば、乃《すなわ》ち獲《う》るあり**

【何かを企画するにも、昔の教えを学べば、必ず得るところがある。賢者は歴史に学ぶがごとし】

書経　**民の欲する所は、天必ず之に従う**

書経

【天は必ず人民の望みに従うものである（武王のことば）。（現代のいうところの民主主義思想、といえる。）】

書経

時なるかな、失うべからず

【良い時期だ。外してはならない（武王のことば）】

書経

百姓過ちあれば予《わ》れ一人に在り

【もし人民に過ちあれば、その責任は私一人にある（武王のことば）】

書経

備えあれば患《うれ》いなし

【いかなる場合でも、準備さえ十分にしてあれば、決して心配はない】

詩経

思い邪《よこしま》無し

【考えに邪心がない、の意。

「思無邪」は詩経を代表する有名な言葉。すなわち、孔子が「詩経の三百首を一言で表現するならば、思無邪、すなわち、考えに邪念がなく素晴らしい」と述べたことに起因する】

詩経

室を築かんとして、道に謀《はか》るがごとし

【自分の家を造るのに、その計画を道行く人に相談するようなものだ。すなわち、路傍の人は、その場限りの無責任な応答をするに過ぎない。つまらない人間の

多くの議論は結局役に立たない】

詩経　**言うべきに非らざるは言うこと勿《なか》れ、由に非らざることは語ること勿れ**

【言ってよいことでなければ、言わないほうが良い。また、理由のあることでなければ、語らぬ方が良い。(沈黙は金なり（日本語版）、Silence is golden（英語版に似たり)】

詩経　**済済たる多士、文の徳を秉《の》る**

【「済済」は威儀を備えているさま。立派な人が多くそろっているために、周の文王も安らかに国を治めることができた】

春秋　**礼を怠れば政《まつりごと》を失う**

【礼儀を誤ると、一国の政治が失われてしまう。政治の根本は、礼にある】

春秋　**子を愛する者は、之れに教うるに義方を以ってす**

【子供を真に愛するならば、単に愛情におぼれてはならない。これに正しい人間の道を教えていかねばならない】

春秋　**仁を親しみ隣に善《よ》くするは、国の宝なり**

【一国の宝というものは、財産や富だけではない。隣国と良く交わることが、真の国の宝である】

春秋

徳を懐《おも》えば、これ（国を治めること）寧《やす》し

【国が収まるかは徳次第である】

春秋

徳にありて、鼎《かなえ》にあらず

【国の興亡は、鼎の大小には関係ない。ただ国が徳ある政治をするかしないか、に掛かっている】

春秋

礼は天の経《みち》なり、地の義なり、民の行いなり

【礼は天地人に通じての根本の道、山水草木が生え茂っているのは地の礼、それらをかたどったのが人間の礼】

春秋

天道は、たがわず（不変）

【天の道は、いつまでも一定不変である】

春秋

子を愛する者は、之に教うるに義方を以ってす

【子供を真に愛するならば、単に愛情におぼれてはならない。これに正しい人間の道を教えていかねばならない】

春秋

忌《い》めば則ち恨み多し

【他人を忌み嫌えば、必ず自分が嫌ったその人から逆に恨まれる】

春秋

礼は身の幹なり、敬は身の基なり

【礼は身の背骨のようなもので、人の世に立つゆえんのものであり、敬は人間の行動の基本となるものである】

春秋

譲は礼の主なり

【人に譲るということが、礼の第一義である】

春秋

礼を怠れば、政《まつりごと》を失う

【礼儀を誤ると、一国の政治が失われてしまう。政治の基本は礼にある】

礼記

入るを量りて、以って、出ずるを為す

【収入の多少を計算してから支出をする。それが健全財政の基本である】

礼記

礼義は人の大端なり

【礼儀は人の最も大事なものである】

礼記

忠信は礼の本《もと》なり、義理は礼の文《あや》なり

【忠信は礼の根本の真心で、相手への義理は礼の文である。礼は内なる心と外なる文が相応してなる】

礼記

礼は民信を節し、（音）楽は民声を和す

【礼は人民の心に節度を与え、区切りをつけるものであり、音楽は喜怒哀楽の情けを和らぎて、人民の声を調和していくもの】

礼記
礼楽は天地の情により、神明の徳に達す
【礼楽は礼儀と音楽をいう。礼楽は、天地自然に則って生まれ、その効果は明神（＝神明）の徳に達する大切なものである】

礼記
行くに道に中せず、立つに門に中せず
【父親や年長者と一緒にいるときは、道の真ん中を歩いたり、門の真ん中に立ったりすべきではない】

礼記
仁親以って宝と為す
【親孝行の道は人間の宝であり、国の宝でもある】

礼記
礼儀は人の大端なり
【礼儀は人の最も大事なものである】

礼記
礼は夫婦を謹むに始まる
【夫婦間の日常の慎みを忘れない。それが礼儀の始まりといってよい。夫婦こそ、最も親密な人間関係であり、それだけに、最も礼を失いがちなものだからである】

礼記
親しき中にも礼儀あり
【夫婦間、親しい親戚、友人間といえども、日常の慎みを忘れない。それが礼の始まりというものだ】

その三　史記他の中国書に学ぶ

（1）史記～史記120巻、漢の司馬遷の撰～

司馬遷の父・談は歴史の編集を志していたが、その事業を遂げないうちに死亡した。そこで、子の遷が大史公として後を継いだ。はじめは「史記」とは呼ばず「大史公書」と呼んでいた。司馬遷は、友人李陵が罪に陥ったのを無実であると主張して、武帝の怒りにあい宮刑に処せられた。彼は憤慨にたえず、世に真の歴史を残しておきたいとの切願からこの著となったのである。

史記の文章は、歴代の学者から「文中の雄なり」、「文の聖なり」、「老将の兵を用いるがごとし」と絶賛されるほどの名文である。

（2）他の中国書（四書、五経、史記以外の著名書）

老子、荘子、韓非子、荀子、小学、淮南子、十八史略等

（3）史記の主なる名言集

史記の主なる名言集

寧《むし》ろ鶏口となるも牛後となるなかれ

【大きいものの尻につくよりは、小さいものの頭となれ】

月満れば則ち欠く

【満月となれば、その後は欠けて三日月となる。世の中は盛極まれば、必ず衰える、のたとえ】

衣食足りて栄辱（または、礼節）を知る

【衣食が足り、生活の憂いがなくなって、初めて名誉や礼儀作法を重んじる余裕ができる】

同明相照らし、同類相求む

【相類した性を持つ同士が互いに助け合い、求め合うこと】

敗軍の将は以って勇をいうべからず

【敗れた将軍には、武勇を解く資格がない】

貧夫は財に殉じ烈士は名に殉ず

【貪欲な人間は財貨のためには命をも犠牲にし、烈士＊は名誉のためには命をもささげる（＊烈士：道理に通ったことを主張し、実行するしっかりした気持ちの男）】

戦いは逆徳なり、争いは事の末なり

【戦いは徳に逆らうものであり、争いは万事の末である】

唇を焦《こ》がし、舌を乾かす

【口数多く言論すること】

胆《きも》を嘗《な》む　臥薪嘗胆《がしんしょうたん》

【復讐するために辛抱するたとえ。春秋時代の呉―越、因縁の戦いに起因する言葉】

虚心坦懐

【荘子「心中に少しのわだかまりもなく、先入観を持たない、素直な気持ちで人や物事に臨む状態」をいう言葉である】

富貴《ふうき》なれば他人も合し、貧賤《ひんせん》なれば親戚も離れる

【富貴になれば他人までも集まってくるが、貧賤になれば親戚までも離れて近寄らない。それが世間の人情だ】

その四　日本・西洋の哲学者から学ぶ

哲学者とは、そもそも古代ギリシャの学問一般を学んだ人をいう。現代では、哲学という特定分野に従事する学者の総称である。以下は、哲学者たちの名言集。

(1)　世界的哲学者の名言集

アリストテレス　**私は敵を倒した者より、自分の欲望を克服した者を勇者とみる。**

自分に勝つことこそ最も難しいことだ。

パスカル　無知を恐れるな。偽りの知識こそ恐れよ。

ヘンリー・ロー　一冊の書で人生が変わった人がどれだけいるのだろう。もしかすると、書物は私たちに起きた奇跡を解き明かし、新たな奇跡を示すためにあるのかもしれない。今、言葉で表せないことがどこかに書かれているのが見つかるのかもしれない。

老子　器いっぱいに盛ってこぼすまいと心配しながら持っているくらいなら、程よいところで盛るのをやめた方が良い。刃物もあまり鋭利にすれば刃こぼれしたりして長く使うことができない。

老子　自慢をしない人間になれ！

つま先で立つものは長く立っていられない。大股でまたぐように歩く者は遠くまで行けない。自分から見せびらかそうとする者は、人々に知られない。自分は正しいのだと主張する者もその良さを周りに認められない。自ら自慢する者は業績を認めてくれない。自ら才能を誇る者は人の長になれない。このような行いはみんなが嫌う。よくわきまえた者は決してそうした行動はしない。

レオナルド・ダ・ヴィンチ　経験は決して間違えない。間違えるのは人間の判断だ。自分で経験をしてもいない結果を予想して判断を間違えるのだ。

スティーブン・コヴィ　成功のはしごに足をかける前に、それが目当てのビルディングに立てかけてあるかを確かめよ。

平田晴耕　不幸は試練だと思え！

いったん悟りを開いたからと言って、あとは楽しいことばかり、というような世界はありえない。幸せなこともあれば、不幸にも直面する。不幸に直面した時、試練と思えばよい。

森有正　生きるということは成長すること！

私たちは、ただ自由に、しかも自分を偽らずに生きていくほかないのです。生きるということは同時に成長すること、あるいは成熟するということなのです。それがある段階に達したとき、ある瞬間に人格とか人間の尊厳とかいう言葉が見えてくる。

ソクラテス　私は自分が無知であることを知っていることで、より賢明であるらしい。

プチトン　私はあえて主張するのである。人は皆エロスを尊重せねばならぬ、と

プチトン　国家：哲学者たちが国々において王にならない限り、国々にとって不幸の止むことはない。

アリストテレス　すべての人間は、生まれつき知ることを欲する。

アリストテレス　仲間にとっての正しさと市民にとっての正しさは同じではない。

その他の友情についても同様である。
アリストテレス　失敗する方法はいくらでもある。しかし、成功する道はたった一つしかない。
アウグスティヌス　私自身、私にとって大きな壁となり、私は自分の魂に「なぜ悲しむのか、なぜ私をひどく苦しめるのか」と尋ねたが、私の魂は何も答えることはできなかった。
マキャベリ　君主は、野獣と人間とを巧みに使い分けることを知る必要がある。
マキャベリ　運命の女神は、冷静に事を運ぶ人よりも、果敢な人によく従うようである。
レヴィナス　私たちの論考全体の意味は、一切の哲学の抜きがたり確信に異議を唱えることとである。
レヴィナス　愛撫とは見えないものへの歩みなのである。
ボーヴォワール　人は女に生まれるのではない、女になるのだ。
カミュ　真の重大な哲学上の問題は一つしかない。自殺ということだ。
ドゥルーズ　哲学の書物を昔からのやり方で書くことはできない。それが、ほとんど不可能になろうとしている時代が真近に迫っている。

ベーコン　人間の知識と力とは一つに合一する。
デカルト　私は考える、ゆえに私は存在する。
スピノザ　すべての高貴なものは、稀であるとともに、困難である。
ルソー　人間は自由なものとして生まれた。しかるに、いたるところで鎖につながれている。
アダムスミス　見えざる手に導かれて、自分は意図していなかった目的を推進するようになる。
カント　悟性のほうは規則によって教えることはできるが、しかし、判断力は一個独自の才能であって、はたから教えられるというわけにはいかない。
カント　人間性をいつでも、いかなる場合でも、同時に目的として使用し、決して単なる手段として使用してはならぬ。
ベンサム　道徳及び立法の原理：幸福が善ならば、その最大の分量、即ち最大多数の幸福が何よりも選ばれるべき目的道徳善である。
ミル　満足した豚であるよりも、不満を持つ人間となる方が良い。また、満足した愚か者になるよりも、不満を抱くソクラテスとなる方が良い。
マルクス　これは不運ではない。しかし、これを気高く耐え忍ぶことは幸運である。

マルクス（ドイツに生まれ、英国生活、放蕩・貧困の生涯で共産主義に没頭）

彼のブラックジョーク「**民主主義はがけっぷちにいるが、共産主義には将来がある**」

ライプニッツ　**物質のどの部分も、草木の生い茂った庭園か、魚の一杯泳いでいる池のようなものであるまいか。**

ライプニッツ　**魂はもともと多くの概念や知識の諸原理を有し、外界の対象が機会に応じてのみ、それらを呼び起こす。**

ニーチェ　**これが人生だったのか。よし！　それならばも一度！**

サルトル　**人間は自由であるように呪われている。**

ヴォーヴナルグ　**哲学とは、ある種の人々が大衆を馬鹿にするために装う古い流行である。**

ベルグソン　**存在と無：「生命の躍動」というのは、つまり創造の要求のことである。**

西田幾多郎　**人が環境を作り、環境が人を作る。**

西田幾多郎　**善とは、一言にていえば人格の実現である。**

西田幾多郎　**衝突矛盾があるところに精神があり、精神があるところに矛盾衝突がある。**

西田幾多郎　**自己が創造的となるということは、自己が世界から離れることではな**

い。自己が創造的世界の作業的要素となることである。

ショウペンハウエル　大切なのは、普通の言葉で非凡なことを表すことだ。

第二章　この世に生まれたからには、幸せに生きよう

～名言と共に、人生意気に感ず～

人生意気に感ず、功名誰か復《ま》た論ぜん

「人生は意気である。人間同士が互いに意気に感ずるところがあれば、もはや功名を得るか否かなどは論外である」の意味。中国・唐詩選七巻の一節にあるこの名言は、もはや日本人の間で定着しているといえよう。「論語」と「唐詩選」の二書は日本人にとって、最もなじみの深いもので、我々の先祖はこれらの本から徳性や情操を養ってきたのである。

唐代は中国史上で最も詩の盛んな時期で、詩人も多く、また優秀な詩も非常に多い。唐詩選は、「五言古詩」、「七言古詩」、「五言律」、「五言排律」、「七言律」「五言絶句」、「七言絶句」の七目に分け、初唐二十九人、盛唐四十二人、中唐三十六人、晩唐十七人、無名三人の作者を載せている。

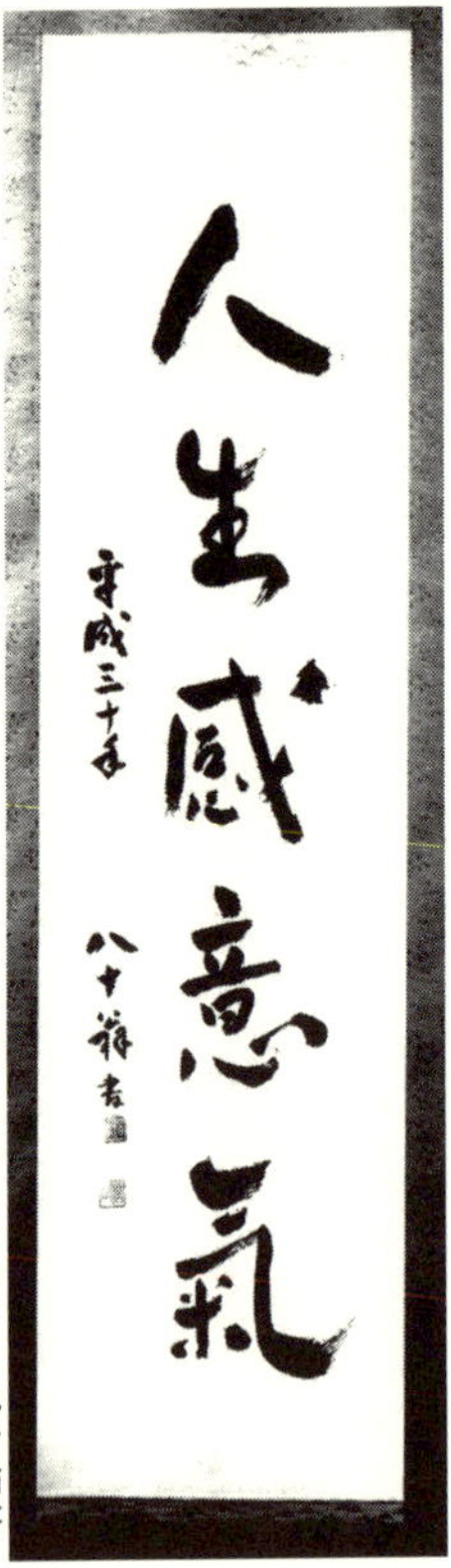

八十翁書

「自分は幸福」と思う人が幸福になる

あなたの現役時代は幸せでしたか？　多少悔いが残ったこともありましたか？　あなたの人生はこれからが勝負です。あなたの考え方一つで、未来は明るくなるのです。

私には自慢できる楽しい趣味がある、ずいぶん旅行なども楽しんだ、などと胸を張れる人は素晴らしい。しかし、何となく暇つぶしに過ごしてきた部分があり後悔している、という人もありましょう。しかし、人生はこれからです。

幸せが逃げないように、真摯に生きることです。

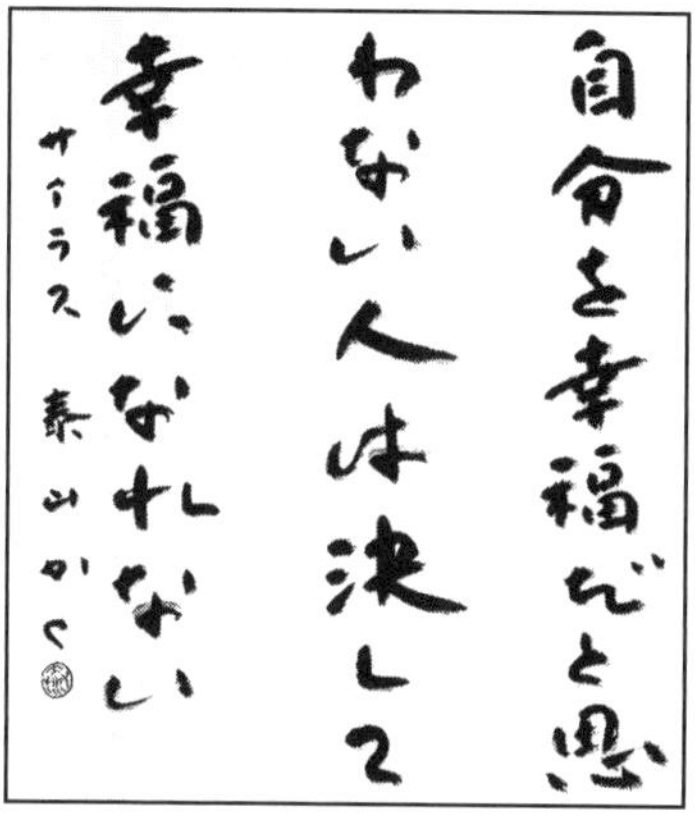

泰山かく

幸せは音もたてずにやって来て音を立てて去っていく

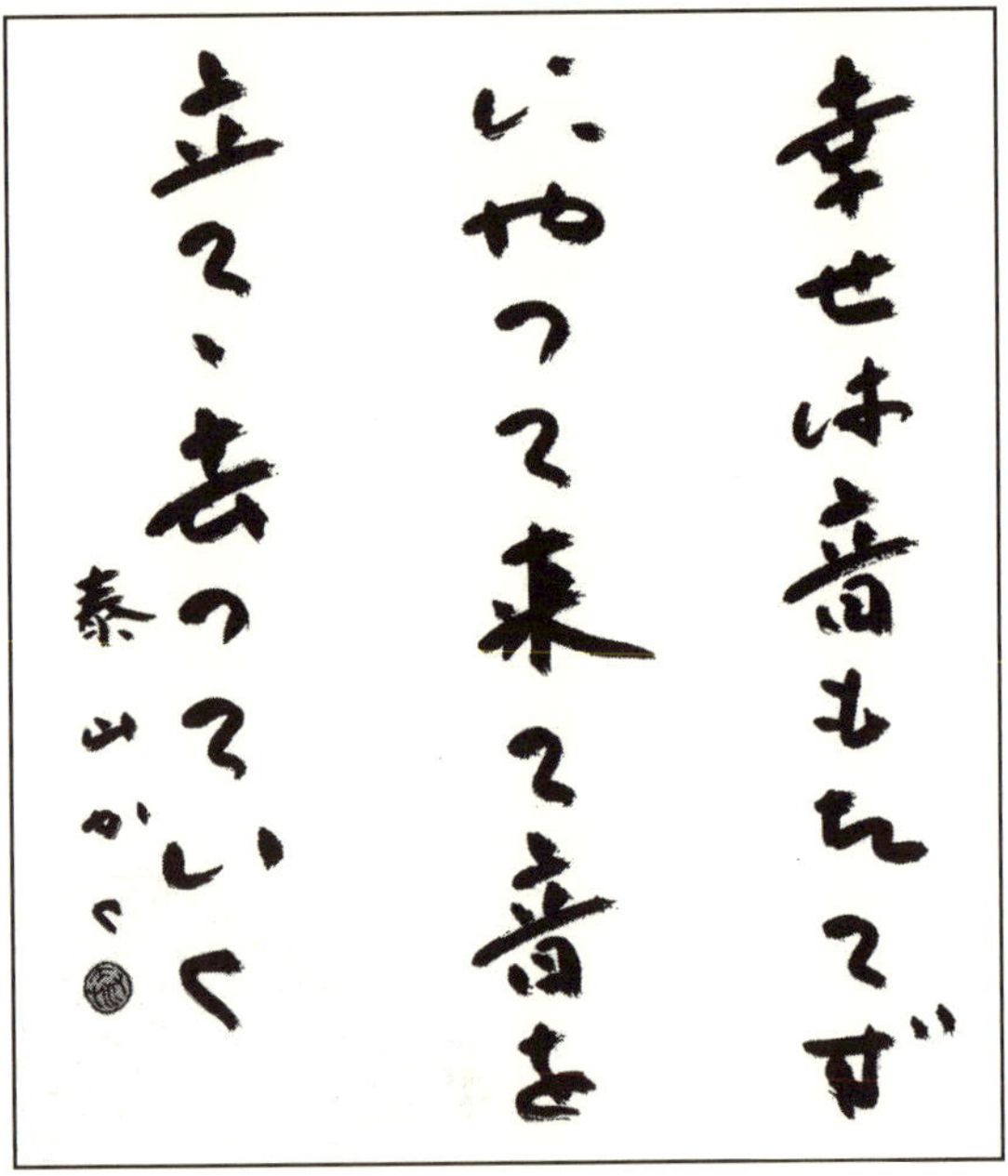

泰山かく

幸福とはそれ自体が長い忍耐である

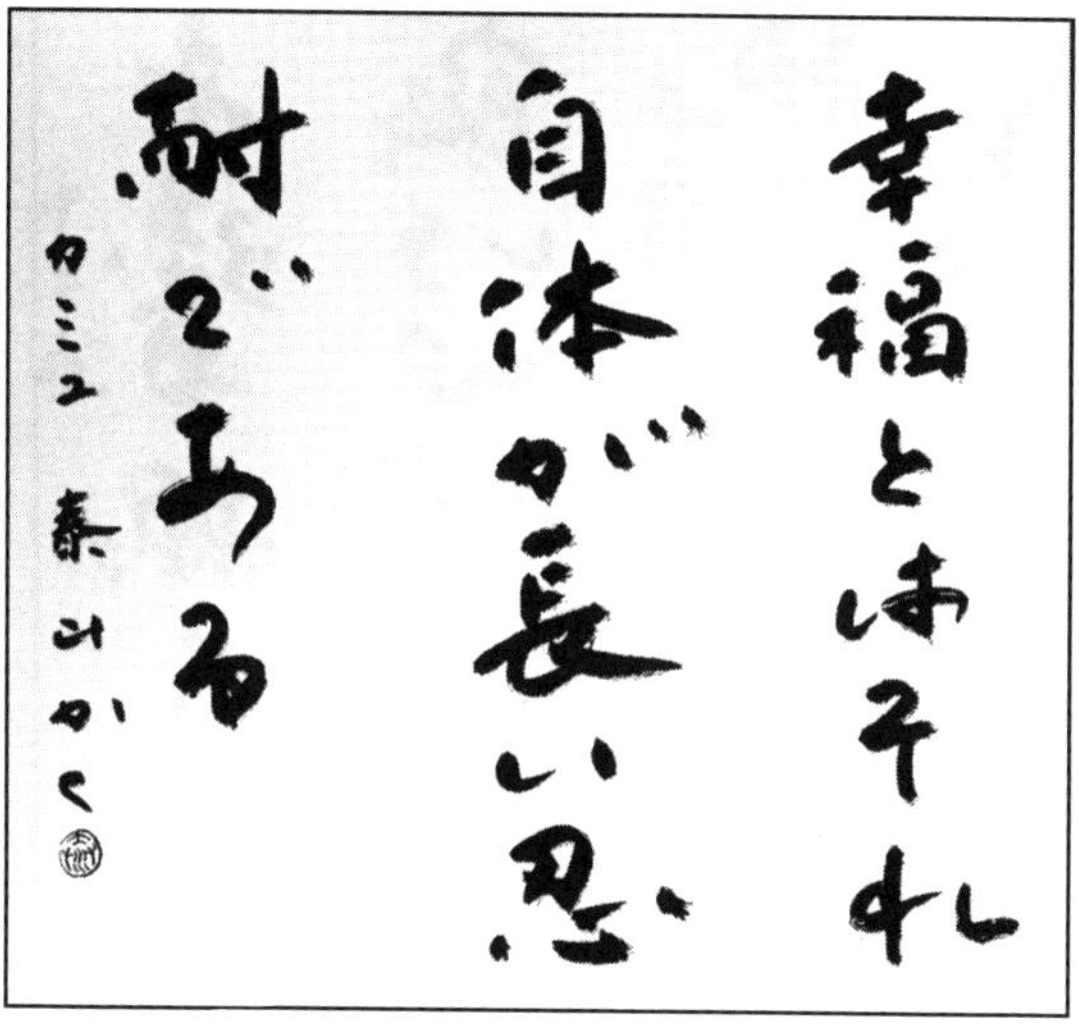

泰山かく

幸福の定義は難しい。定義などないのかもしれない。少なくとも、面白おかしく過ごすことが幸福であるとは言えない。足元を見つめながら、一歩ずつ丁寧に歩いて行く。その結果の充実感が本当の幸福であろう。

「人は決して、自ら思うほど幸福でもなければ、不幸でもない」（ラ・ロシェフコー）

青春とはある期間をいうのではなく、心の様相をいうのだ

（1）ドイツの詩人　サムエル・ウルマンの詩「青春」

青春とは人生のある期間をいうのではなく、心の様相をいうのだ。優れた想像力、たくましき意思、燃ゆる情熱、怯懦《きょうだ》を退ける勇猛心、安易を振り捨てる冒険心、こういう様相を青春というのだ。年を重ねるだけで人は老いない。理想を失うときに初めて老いが来る。歳月は皮膚のしわを増すが、情熱を失うときに精神はしぼむ。苦悩や、狐疑《こぎ》、不安、恐怖、失望、こう言うものこそがあたかも長年月のごとく人を老いさせ、精気ある魂をもチリに帰せしめてしまう。年は七十であろうと十六であろうと、その胸中に抱き得るものは何か。

（一部省略）

人は信念と共に若く、疑惑と共に老ゆる。

人は自信と共に若く、恐怖と共に老ゆる。
希望ある限り若く、失望と共に老い朽ちる。

（一部省略）

（2）何故、どのようにしてこの詩が日本中に広がったか？

第二次世界大戦後の進駐軍・マッカーサー元帥が友人から知らされたこの詩を座右の銘にしていた。1945年9月27日に昭和天皇が日比谷の占領軍総司令部を訪問された。その時、応接室にこの詩（英文）が飾られていた。作者のサミエル・ウルマンは当時全くの無名であったが、ある日本人が見つけ、松永安佐ェ門氏が漢詩調に翻訳した。それが、後日、松下幸之助氏の目に止まり、雑誌等で紹介されたことから多くの、特に日本人経営者間に愛されている有名な詩になった。また、ロバート・ケネディがエド

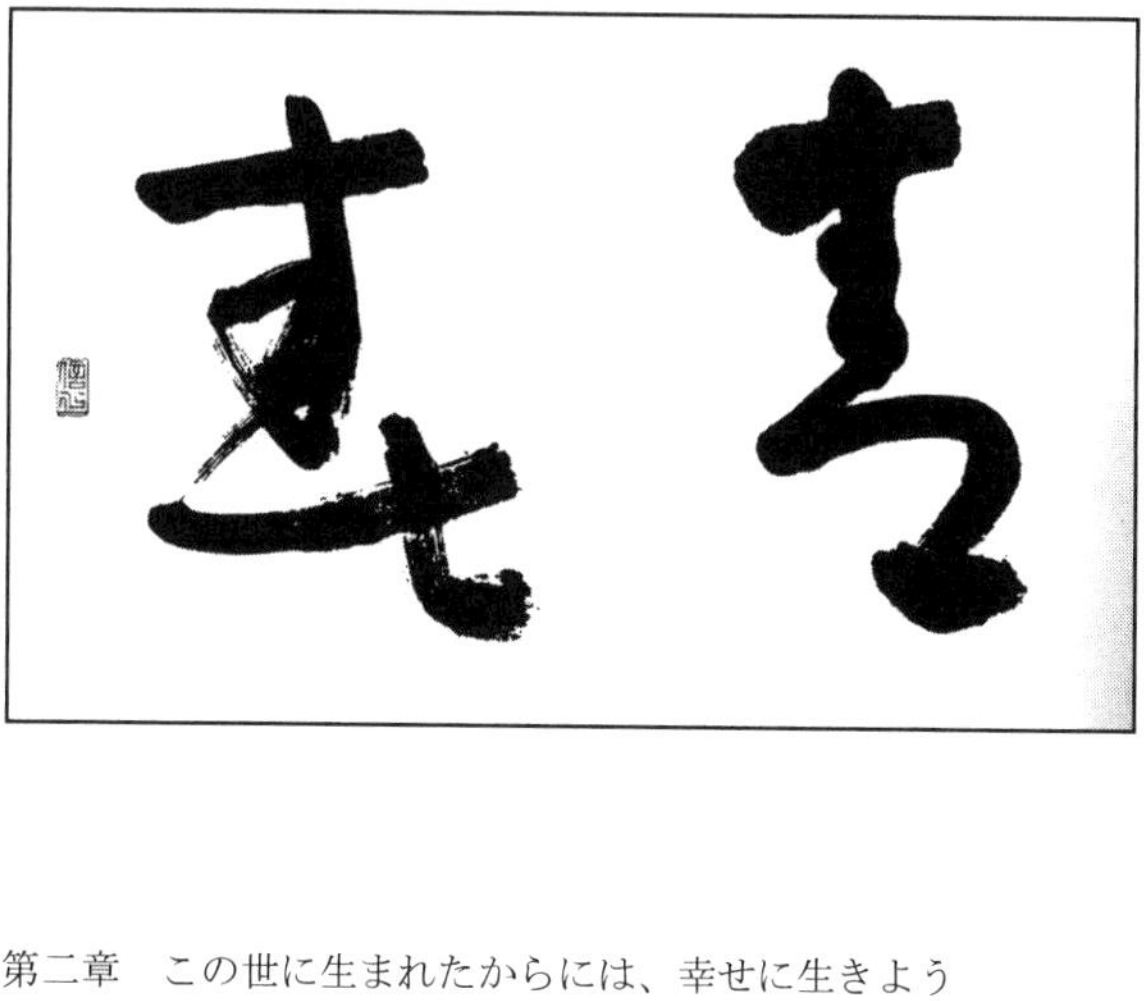

八十翁書

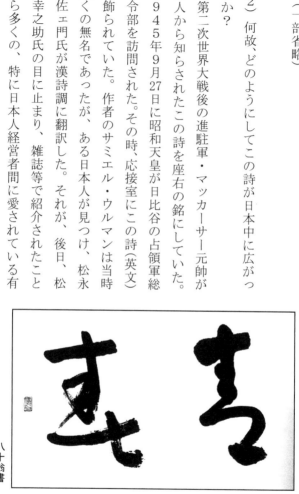

ワード・ケネディへの弔辞にこの詩の一部が引用されたことでも有名になった。

その後、アラバマ州のバーニングハム市に晩年ウルマンが過ごした家が見つかり、彼作成の他の詩も発見された。ＪＡＳＡ（日本協会）が、１９９３年に日米親善事業の一環として買い取り「ウルマン記念館」として運営している、と聞く。

人生は生涯学習なり　　イチロー選手
～活到老　学到老～

老いに至るまで活躍し、老いに至るまで学ぶ。

幸いにして、あなたは健康であられます。「人生は八十歳から」をモットーにし、今一度人生を再スタート、また、何かに挑戦してみることをお勧めする。すなわち、これを機会に今一度楽しんできた趣味を、また、関心ある自分の周辺事を客観的に探索してみませんか。

そうすることで、必ずや、気の付かなかった点を見つけることができましょう。各世界に存在する、いわゆる、「名言」を発見することができ、それらがあなたの心の糧になると信じます。

日本プロ野球、アメリカ大リーグで活躍のイチロー選手の衝撃的ニュースが

2018年5月に舞い込んだ。そのため、連休明け5月6日（日）に古巣に戻ったイチローと今や時の人、エンゼルスの二刀流・大谷翔平と（今回は投手として）楽しみにしていた直接対決を観る夢が消えた。イチローは以後選手としては出場しないと発表されたからです。なお、この試合で投手・大谷はベンチにいるイチローの目の前で好投し、3勝目を挙げたのでした。

八十翁書

ここで注目すべき点は、彼の所属するマリナーズ球団とイチロー選手との間に締結された契約内容で、いまだ聞いたことのない画期的なものであります。「今後、イチローは球団会長の特別補佐役に就任する」という内容であった。それにもまして特筆すべきは、イチローが記者会見で述べた「自分は生涯野球研究家になる」という言葉です。生涯学習の最たる見本ではないでしょうか。

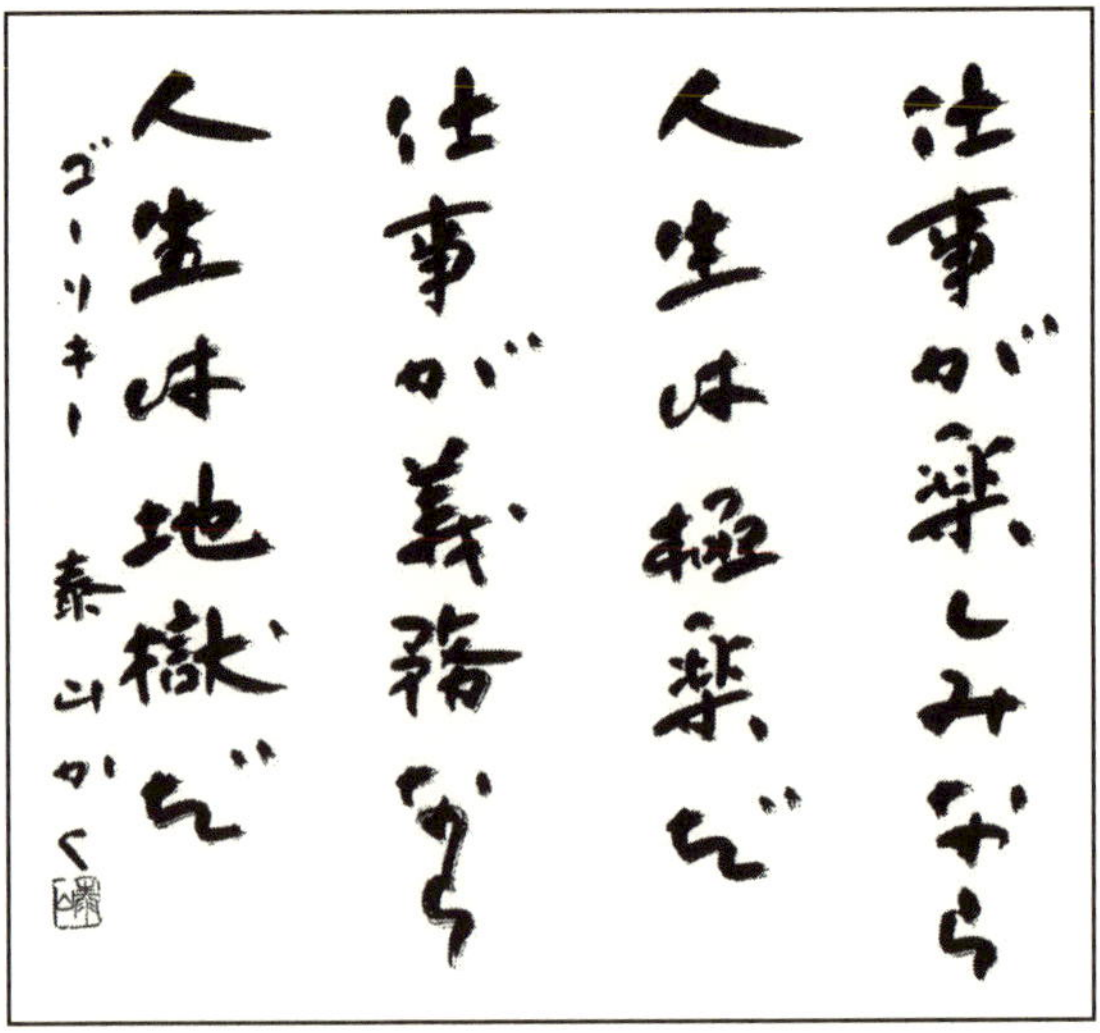

泰山かく

君子は上達し、小人は下達す

何事においても、その心がけによって、君子は上達をするが、小人は事に当たるごとに一歩一歩下落していく、の意。

物事はすべて上達するか下達する、のいずれかである。現状維持は下達の兆候と心得るべし。飛行機がゆるやかに着陸する様を「ソフトランディング」というが、会社経営での「ソフトランディング」はまずない。下降に入ったら奈落の底に落ちるがごときのスピードで悪化する。従って、現状分析に努力し、将来への対策を練ることが肝要である。「備えあれば憂いなし」と先人たちが教えている。

八十翁書

寧《むし》ろ鶏口となるも牛後となるなかれ

大きいものの尻につくよりは、小さいものの頭になれ

大会社に就職して鳴かず飛ばずより、中小企業に務め役員になったり、一念発起独立し、起業するのもよい人生である。

物事はすべて右上がりか右下がりで、平行線はないと考えたほうが良い。一番重要な時期は、平行線、横ばいの時です。その時期にその先は右上がりに転ずるか、右下がりに転ずるか、それらを感知、判断できるかで将来運命が決まる。

賢明な人は変化を予知し、対策を練る。普通の人は、変化が現れてから対策を練るが遅い。ダメな人は、変化に気が付かず、またしばらくして気が付くが対応できない、また間に合わない。

窮則変　変則通　通則久（窮すればおのずから変ず、変ずればおのずから通ず、通ずればおのずから久し）

何ごとも、困窮すれば必ず変化が出る。その変化した原因を突き止め、対策、対応すれば必ず新たな道が開ける。そして新たな道を開くことができれば、また久しく良い時期が持続するだろう、の意。

八十翁書

◆コーヒーブレイク

次の記事は小生が１９９８年、南山中・高卒業生の会「常盤会」の記念誌に後輩たちに贈る言葉として寄稿したもの。

世の中で一番大切なものは、お金で買えないもの

私は今年家内と共に還暦を迎え六十歳になりました。私は二十六歳の時両親を失った関係で、妹・弟四人の多少の面倒を見ました。また、三人の子供も成人していることから、全員で我々夫婦への感謝会と世界旅行券をプレゼントしてくれたのです。家内が私以上に喜んでくれたのは感激でした。

世の中で一番大切なものは何でしょうか？

それは「お金で買えないもの」です。

残念ながら生活するためにはお金が必要ですし、また大半のものはお金で買えるのです。それではお金があり、必要と思われるものすべてを取得したら「幸せ」が自動的に付随するかというと、決してそうではありません。

私が小学校五、六年、終戦間もない昭和二十四、五年のことでした。父の会社が家の近くであったことから、昼食のため帰宅しました。ちょうどそこへ私も帰りました。

その時、門の前で母がおどおどしながらみすぼらしい男（当時はこうした乞食が多くいました）と話をしているのでした。何か食べるものをおねだりに来たのです。父の「直ぐに座敷に上げなさい」の一言で、親子交えた何時もの煮込みうどん昼食が始まりました。

父「あなたは幸せですか？」

乞食「こんなにおいしい温かいもの、初めてです。幸せいっぱいです」

その日の午後、父は銀行へ行くからお前もついてこい、と私を支店長室へ同行させました。

父「支店長さん、あなたは幸せですか？」

支店長「ご案内の状況で、問題山積、頭の痛いことばかりです」

父「息子（信之）、聞いたかや。お昼のみすぼらしい男は幸せといった。支店長さんは（質が異なるが）そうではないと言われる。幸せというものはこういうものだ、よく覚えておけ！」

諸君、君たちの将来は永い。人生には必要なものはいっぱいある。しかし、最も大切なものは「お金で買えないもの」です。心から皆さんの幸せをお祈りします。

人生百年の時代が始まった

その一　長生きの秘訣は笑いにあり

○人は笑いと涙の間を往復する時計の振り子である

２０１８年３月、ＮＨＫの朝ドラ「わろてんか」は高評のうちに終了した。人生一生笑いに終始したいと生きる女主人公（藤岡てん）の物語でした。

「笑うこと」のすばらしさに終始した、自分はもとより他人を喜ばせ、幸せ感を与えるドラマでした。日本故事にも、**「笑う門には福来る」**とあります。

養護老人ホームに多くの人が慰問する、その時に与える「笑い」が老人たちを笑わせ、喜ばせるばかりでなく、生きる勇気を与える、と聞く。笑うことのすばらしさを認識しよう。素晴らしい笑いの後には、必ずうれし涙がある。

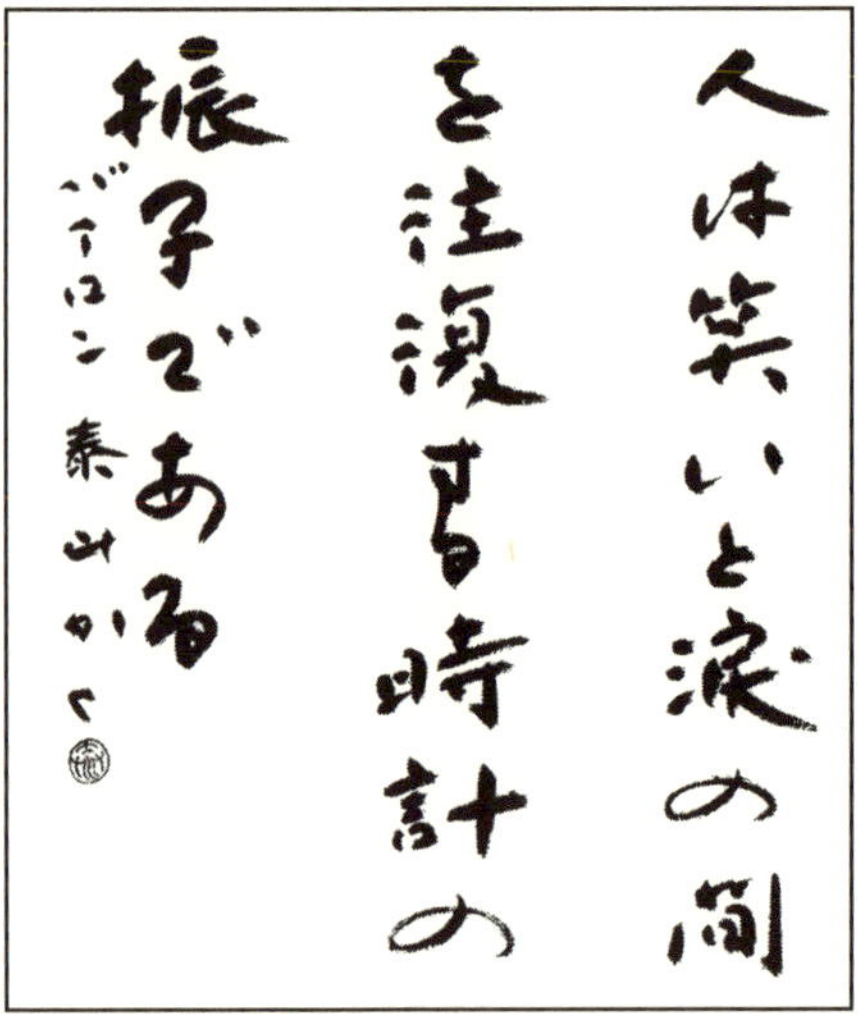

泰山かく

○神の前で泣き人の前で笑え

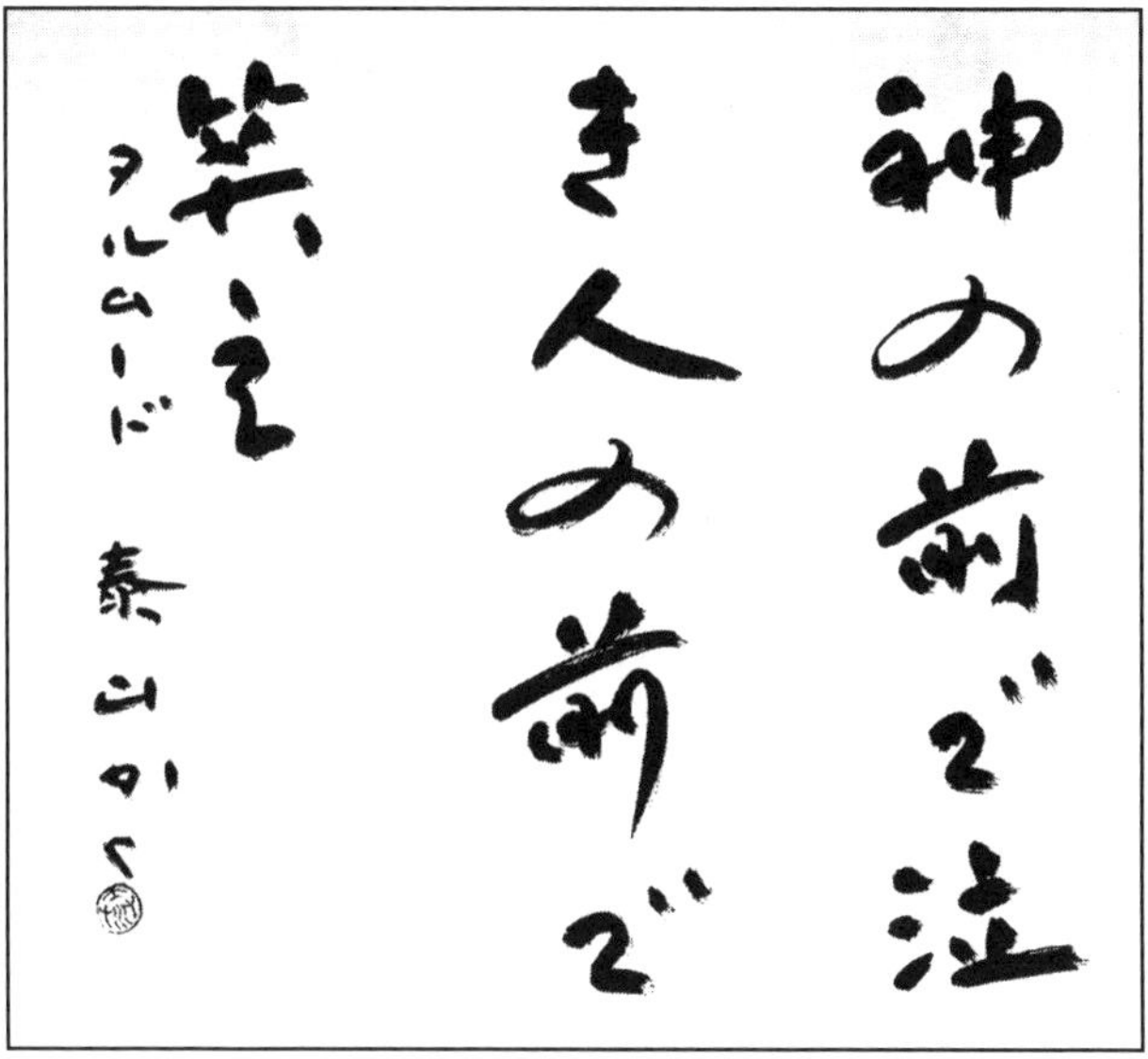

泰山かく

その二　友だちの数で寿命はきまる

～人との「つながり」が最高の健康法～

これ、医学博士・予防医学研究者の石川善樹さんの著書タイトル。さらに、

○**社会生活で、役職に就いた人ほど長生きする、**と明言。

この根拠として、分子生物学者エリザベス・ブラックバーン博士の研究結果によれば、「病は気から。気持ちの持ち方ひとつで、すなわち、前向きの人は、細胞に変化が起き、それが活性化、若返りにつながる」という。この内容を石川先生は、ＮＨＫの「マイあさラジオ、百歳まで元気に生きるには」で解説しておられる。

「**人間はある意味ではプレッシャーがかかるかもしれないが、何でもよい、責任の伴う仕事を引き受けることで寿命が延びる**」、と。その根拠として次のような調査結果を紹介している。いずれも役についたり、受賞したりした人のほうが三～五年寿命が延びた例は、次の通り。

●ロンドン・ホワイトホール公務員７００人
●映画アカデミー賞ノミネート候補者６００人
●日本の企業従業員１０００人
●日本の地域、町内会、グループ関係者１０００人

○難事が有るから頑張れる、だから「有り難う」

なお、石川先生はご自身で、沖縄の百歳以上者を調査研究され、「病は気から」を立証している。長寿者らに共通して言えることは、沖縄の悲惨な戦争体験という「難事」が「有った」ればこそ、それを乗り越えるよう頑張ってきたという点だという。人生を前向きにとらえることが彼らの細胞に変化を与え、心身共に活性化させ、元気に長寿を迎えているのである。

「難」が「有る」、だから乗り越えることができた、よって、「有り難う」と。

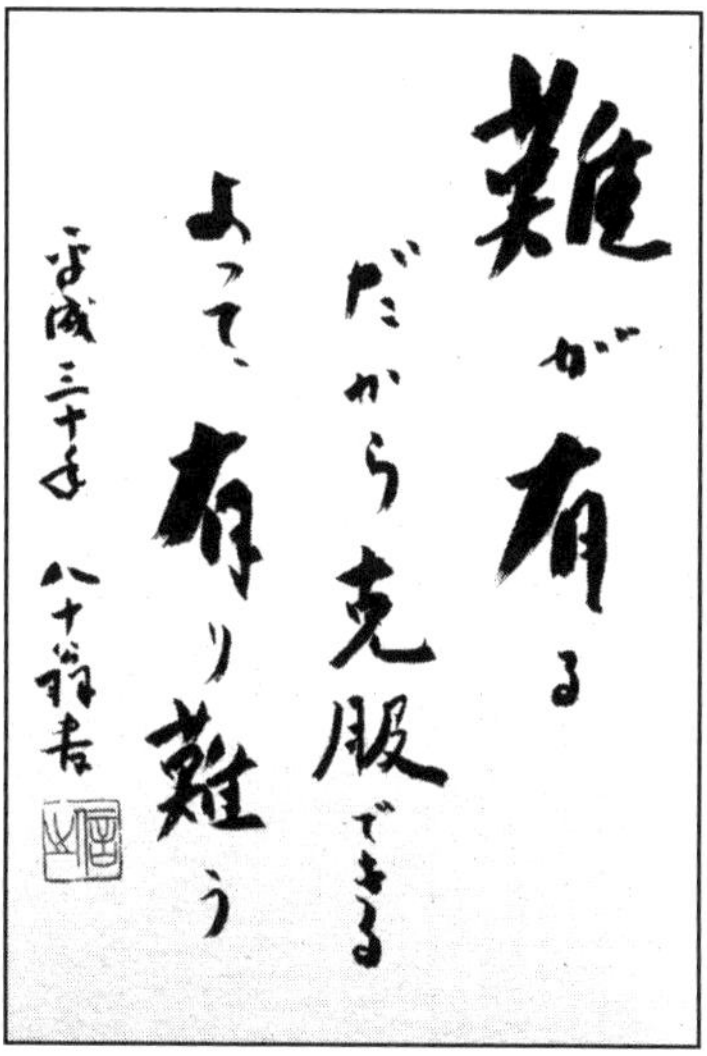

八十翁書

その三　人、集まるところに笑い・幸あり

○千客万来

○朋《とも》、遠方より来たるあり、亦《ま》た楽しからずや

遠く離れたところに住んでいる朋が、久しぶりに訪ねてきてくれる。こんな嬉しいことはない。

○同声は相応じ、同気は相求む

万物はそれぞれその同類に就く、水は温地に流れ、日は乾いたものに燃えつく。君子には君子の友があり、小人には小人の友がある。

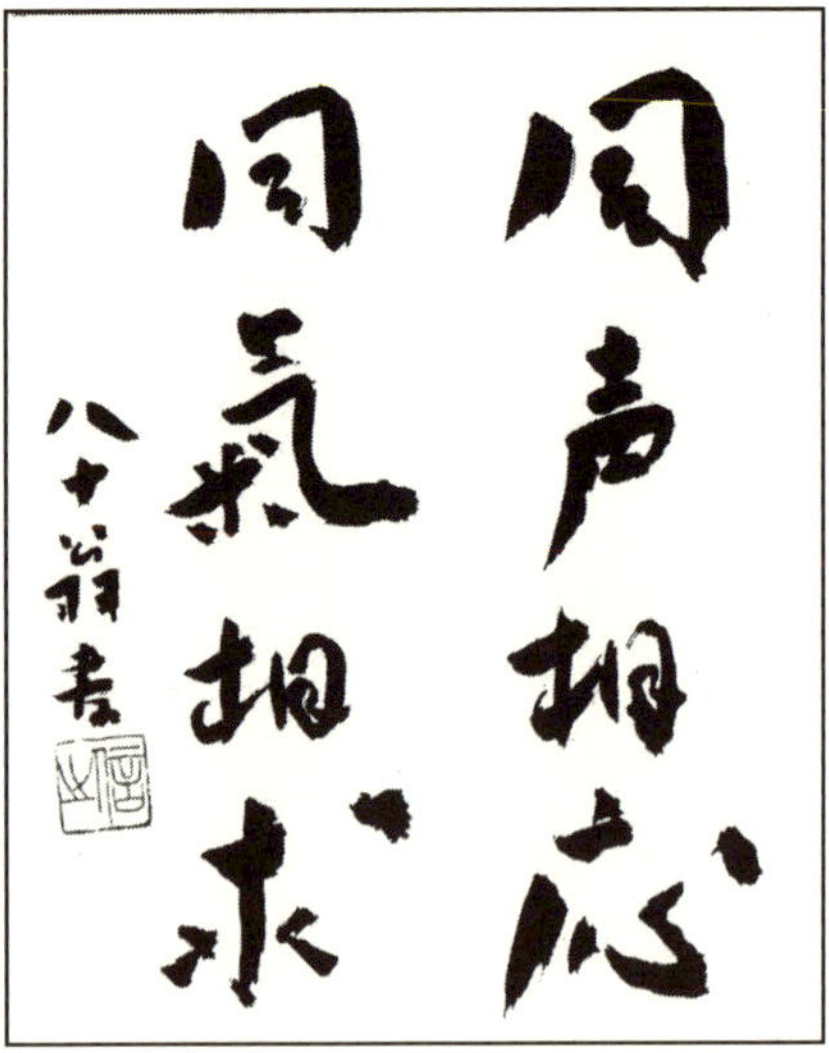

八十翁書

○千里の縫迎《ほうげい》高朋《こうほう》座に満つ

千里の遠いところから人々がやってきて、逢い迎え、立派な友達が座に満ちている。

千客万来

仕事や頼みごとをお願いするなら、忙しい人に限る。

意気投合

協力なくして事は動かぬ。

八十翁書

◆コーヒーブレイク

友なる者はその徳を友とするなり（友というものは、元来、その人の徳を認めそれを友とすべきものだ）。

〜浅井慎平君は徳ある友か？〜

ここに、私の中学時代同窓生の浅井慎平君（写真家）が１９９８年に同窓会記念誌に書いたエッセイを紹介する。果たして浅井君は我らの「徳ある友」か？

こんな話を同窓会の会報に書くのはふさわしくないかもしれないが、昔話だと笑って許してほしい。中学の時、ぼくは美術の授業で描く絵を友人たちから請け負っていた。クラスのA君、N君そしてM君などから頼まれて、それぞれに個性的に僕は風景を描いたのだった。それに自分の絵を加えると四枚になるのだが、苦にもならず、寧ろ楽しんでいた。絵を提出した後、合評会のようなものが開かれ、先生が批評してくださる。そんな時のぼくの気持ちは複雑だった。というのはぼくの書いたものにO先生は厳しく、いくつかの欠点を指摘され、他の三人のためにぼくが描いた絵は、しばしば絶賛された。先生を恨めしく思ったことはなかったが、なんだか力が抜けたことを覚えている。

美術というものはそういう側面を持っている。早くから鑑賞の仕組みを知ったということになるかもしれない。自分の悪行を棚に上げてこんな話をするのはどうかと思うけれど若い日の不幸な出来事だった。だから、あの頃の僕の美術の成績はまるで駄目だった。他の科目も似たようなものだったので、今では懐かしい思い出になっている。

M君とはよく中学時代の話をして過ごした。彼とは一度、大学受験の全国テストを一緒に受けた。浪人していた時で、ぼくは生まれて初めて勉強らしきことをしていたが、そのせいでかなりの上位の成績だった。M君が中学の時の絵の話を持ち出して、「やれば出来るんだな」と笑った。「やればな」と僕は苦笑した。正直に言うとぼくは「やれば」がとても苦手で、今でも「やれば」に自分を追い込むことで苦労している。誰かに頼まれれば「やる」のに変な性格だ。

南山時代にやったことといえばバスケットボールと鉱物採集だった。友人のために絵を熱中して描いたことも数少ないやったことの一つ。あれは何のためだったのだろう。いまだにわからない。

芥川龍之介「人生は地獄よりも地獄的である」

その他、名言の数々

○打ち下ろすハンマーのリズムを聞け。あのリズムが在する限り、芸術は永遠に滅びないだろう

○自由は山嶺の空気に似ている。どちらも弱い者には耐えることはできない

○どうせ生きているからには、苦しいのはあたり前だと思え

○阿呆はいつも彼以外のものを阿呆であると信じている

○わたしは良心を持っていない。わたしの持っているのは神経ばかりである

○幸福とは、幸福を問題にしない時をいう

○女は常に好人物を夫に持ちたがるものではない。しかし、男は好人物を常に友だちに持ちたがるものである

○軍人の誇りとするものは、小児の玩具に似ている。なぜ、人は酒にも酔わずに、勲章を下げて歩かれるのであろう

○道徳は常に古着である

○古人は神の目に懺悔《さんげ》した。今人は社会の前に懺悔している

◆コーヒーブレイク

芥川龍之介（１８９２年～１９２７年）の人生観

芥川は以下に紹介する経歴の持ち主で、数奇な人生を送った。従って、彼の思想は一般人とはかけ離れた、特異な表現というか、凡人離れの表現がうかがえる。どうぞ、彼独特の言葉を吟味してください。

芥川は、日本を代表する小説家。東京中央区の牛乳屋の長男として生まれたが、母が病気がちであったため、伯母に養育された。十一歳の時母がなくなり、叔父の養子となる。芥川家は江戸時代の徳川家に仕え、茶の湯を担当、家中が芸術・演芸を愛好していた。

龍之介は成績優秀のため、無試験で旧制一高に入学、１９１３年に東京帝国大学英文学科へ進学した。在学中に、高校時代同級生の菊池寛、久米正雄らと同人誌「新思潮」を刊行。続いて、「老年」「羅生門」「鼻」を発表。大学卒業後は、海軍機関学校で教鞭、毎日新聞社に入社の傍ら次々と新作、創作に専念した。

１９１９年結婚、１９２１年中国訪問、帰国後次第に心身が衰え始め、神経衰弱、腸カタルなどに悩む。１９２６年病状が悪化、湯河原で静養、妻子を呼び寄せる。

1927年帝国ホテルで自殺未遂、その後「続西方の人」を書きあげた後、致死量の睡眠薬を飲んで自殺した。

死の八年後、親友の菊池寛が、「芥川」の名を冠した新人文学賞「芥川龍之介賞」を設立。

日本で最も有名な文学賞として現在も続いている。


有能な馬鹿になるよりは知性ある落伍者でいるほうが良い

一般的に言って、世の中の権力者は能力があればこそ、そこに上り詰める。しかし歴史が語るに、権力者が判断を誤り、常軌を逸した行動に出ることも多い。先の第一、第二次世界大戦が良い例である。

一般企業においてもしかり、経営の岐路に立った時、社内でも意見が分かれ経営危機につながる。そうした時、自分の意志とは異なるにもかかわらず、保身に回り権力を持つトップに寄り添うタイプの人、いわゆる茶坊主が出るものだ。そしてその人は一旦は出世する、しかし、事態が変化し、行き詰まった折には、惨めな思いをする。

半面、持論を主張することで反論し、結果において図らずも権力者に盾突いた形になり出世のチャンスを逃すばかりか、冷や飯を食わされるタイプの人もいる。どちらも残念なケースだが、哲学者ヴォランスキーは、前者よりも寧ろ後者の方が良い、と断言している。

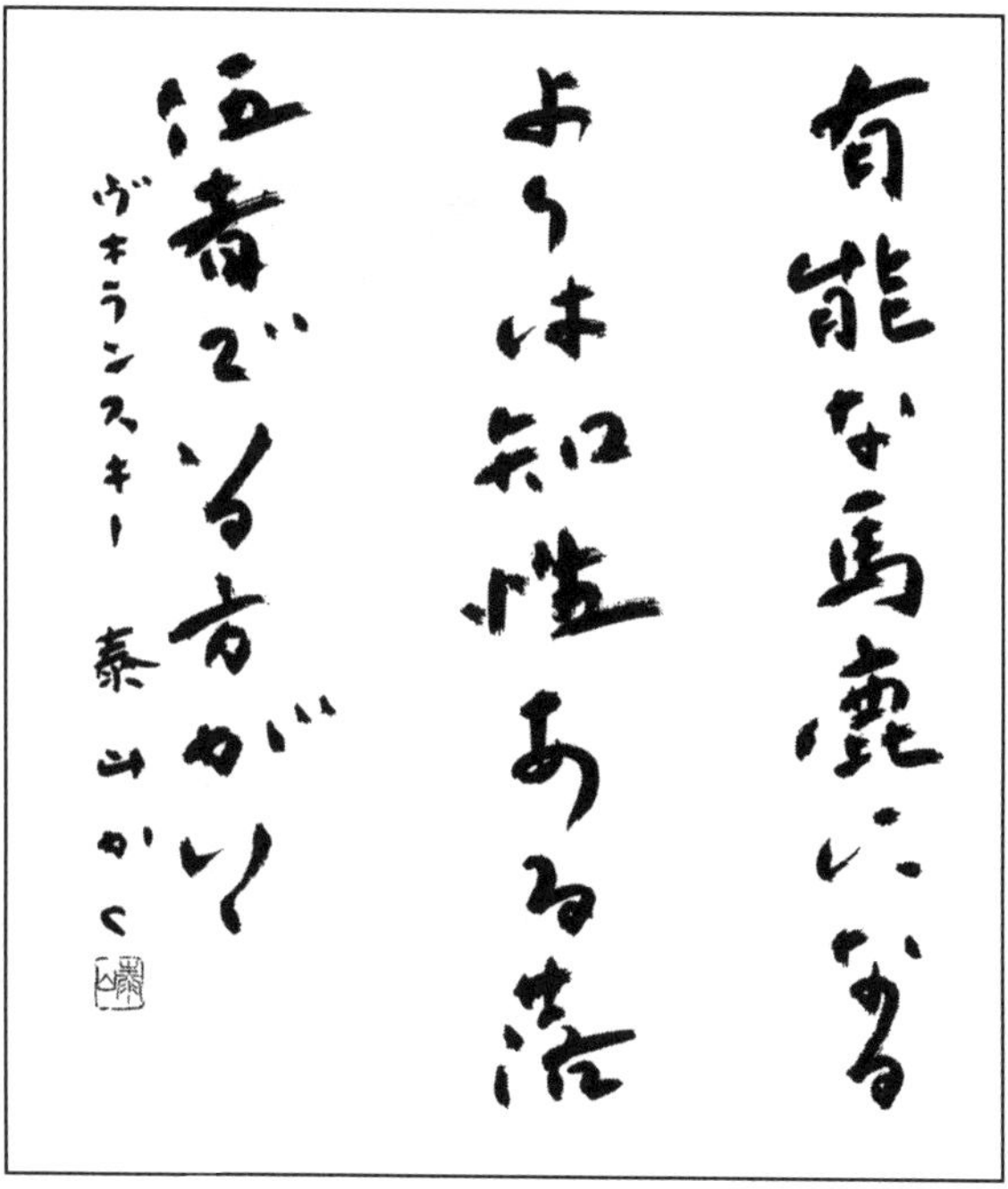
有能な馬鹿になる
よりは知性ある落
伍者である方がいい
ヴォランスキー 泰山かく

泰山かく

どんな人生ドラマも「一期一会」に始まる

人間は一期一会の社会に生きる！　人は誰かと、いつか、どこかで、出会うもの、これ人生なり。

（1）藤井聡太少年

2016年、日本将棋界に突如一大旋風が吹いた。愛知県瀬戸市出身の藤井聡太という少年の出現であった。別の項で紹介するが、ある人との出会いがあったればこそという話で、彼の大師匠である板谷進先生がいなかったら、藤井少年は出現しなかったかもしれない。

すなわち、板谷四郎・進父子のところへ杉本昌隆棋士が弟子入り、そこへ藤井少年らが弟子入りする。そして門下生らが大師匠の夢を実現しようと奮起、努力する。それらの行動が、テレビ、新聞、雑誌等で報じられ、それに社会が反応し、また新たな出会いにつながる。どんな人生ドラマも、いつも一期一会からといえる。ちなみに、言葉「一期一会」は茶道に由来、すなわち、安土桃山時代、茶人千利休の弟子の山上宗二が、「一期に一度の茶会」と言ったことに始まる。

（2）藤沢秀行名誉棋聖

囲碁界、名誉棋聖・藤沢秀行の座右の銘は「一期一会」。藤沢秀行は大正14年横浜市出身。昭和15年入段、38年九段。第一期名人をはじめ、タイトル天元、棋聖、王座などを述べにして十数回獲得、豪快、華麗の芸風は日本囲碁界の名物棋士であった。秀行研究会を持つこと数十年、日本中、また海外から参加希望者を受け入れ、特に少年、若者を相手に、厳しくではなく、和気あいあいの雰囲気での研究会は、特異な存在感で有名であった。

この研究会で育ち、最高位八段、九段はもちろん、先生のとられたタイトルを引き継いだ棋士は枚挙にいとまがないほどである。先生は、それら若者らとの出会いを人生の糧にしておられた。なるほど、先生の座右の銘は「一期一会」なり。

「一期一会」藤沢秀行書

過《あやま》ちを改めざる、これを過ちという

～アフリカ・ジンバブエの経済破綻～

いただいた高価なプレゼント：

「これは50兆ドルのお札です。（アメリカドルなら）１００円としても、５０００兆円です。どうぞこれで優雅な余生を過ごしてください」と、私の尊敬する名古屋財界の先輩、高橋治朗氏からプレゼントされました。

２００５年にアフリカを旅した時、私の家内がジンバブエで買い物をした。「少し高かったわよ」と言いながら家内からクレジット・カードの写しを渡され、仰天した。なんと、126,000,000ジンバブエドルの買い物にサインがしてあった。ジンバブエではムガベ大統領の元で、財政赤字を埋め合わせるために、中央銀行が紙幣を精力的に、長年にわたり印刷を続けた結果、それに比例して、否、それ以上にインフレーションが続いたのです。

それにしても、ジンバブエのインフレーション状況は尋常では考えられない数字であります。政府発表によれば、１９８０年から

２０００年までは毎年15～50％、２００１年～２００３年が１４０％、２００４年～２００５年が６００％。この数字なら、この世の想像できる範囲内でありましょう。その後が、想像を絶する数字になります、是非、自分で読んでみてください。

２００７年は66,212％……２０１４年は、なんと200,000,000％になった。したがって、２０１５年６月には、10,000,000,000,000ドル札が印刷され、さらに２００７年までに、50,000,000,000,000ドル札、そして100,000,000,000,000ドル札が出現したのです。

しかし、政府は２０１７年６月11日ついに、自国通貨を正式に廃止し、銀行口座に残っているジンバブエドルに限って、アメリカドル通貨に交換すると発表した。アメリカドルに交換される残高は、175,000,000,000,000,000ジンバブエドル、すなわち、17.5京《けい》ジンバブエドルでした。京は兆の上の単位で、１兆の１万倍です。

ちなみに、175,000,000,000,000,000ジンバブエドルは僅か、５アメリカドルでした。１アメリカドルが１１０円なら、おおよそ、300,000,000,000,000ジンバブエドル＝１円です。従って、先の先輩からプレゼントされた50兆ジンバブエドルは、残念ながら、わずか20銭ですから、コーヒー一杯も飲めません。

この経済破綻は、「お金が足りなければどんどん印刷すればよい」の繰り返しで、過ちを改めなかった付けが回ったのでした。

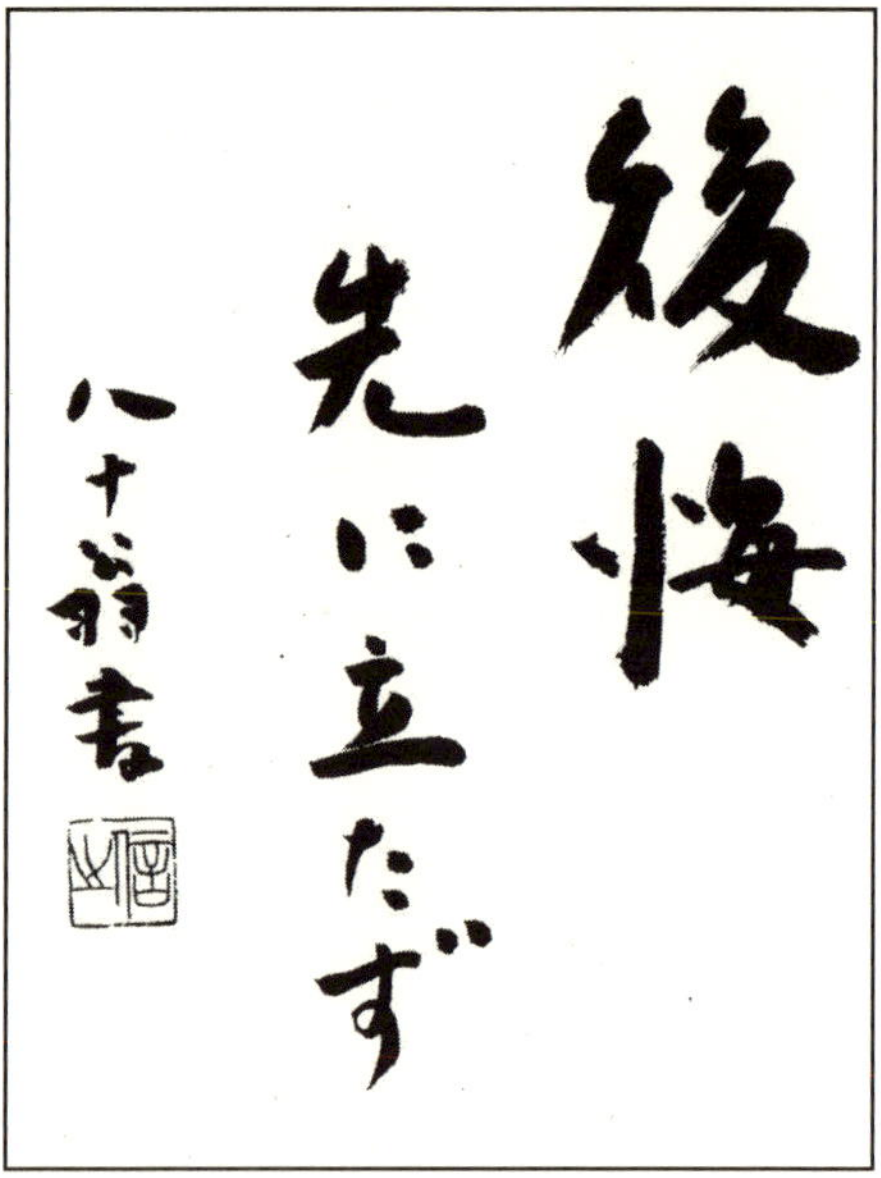

八十翁書

第三章　名言を学び、自分を磨こう

～働く喜び・学ぶ喜びから～

学びて時に之を習う、亦《ま》た説《よろこ》ばしからずや

一度学べば、それでわかったような気がする。しかし、実際には、よくわかっていないものである。ところが、学んだことを折に触れて復習、練習してみると真の意味がわかってくる、会得するわけである。その会得の喜びこそ、学ぶことの喜びである。

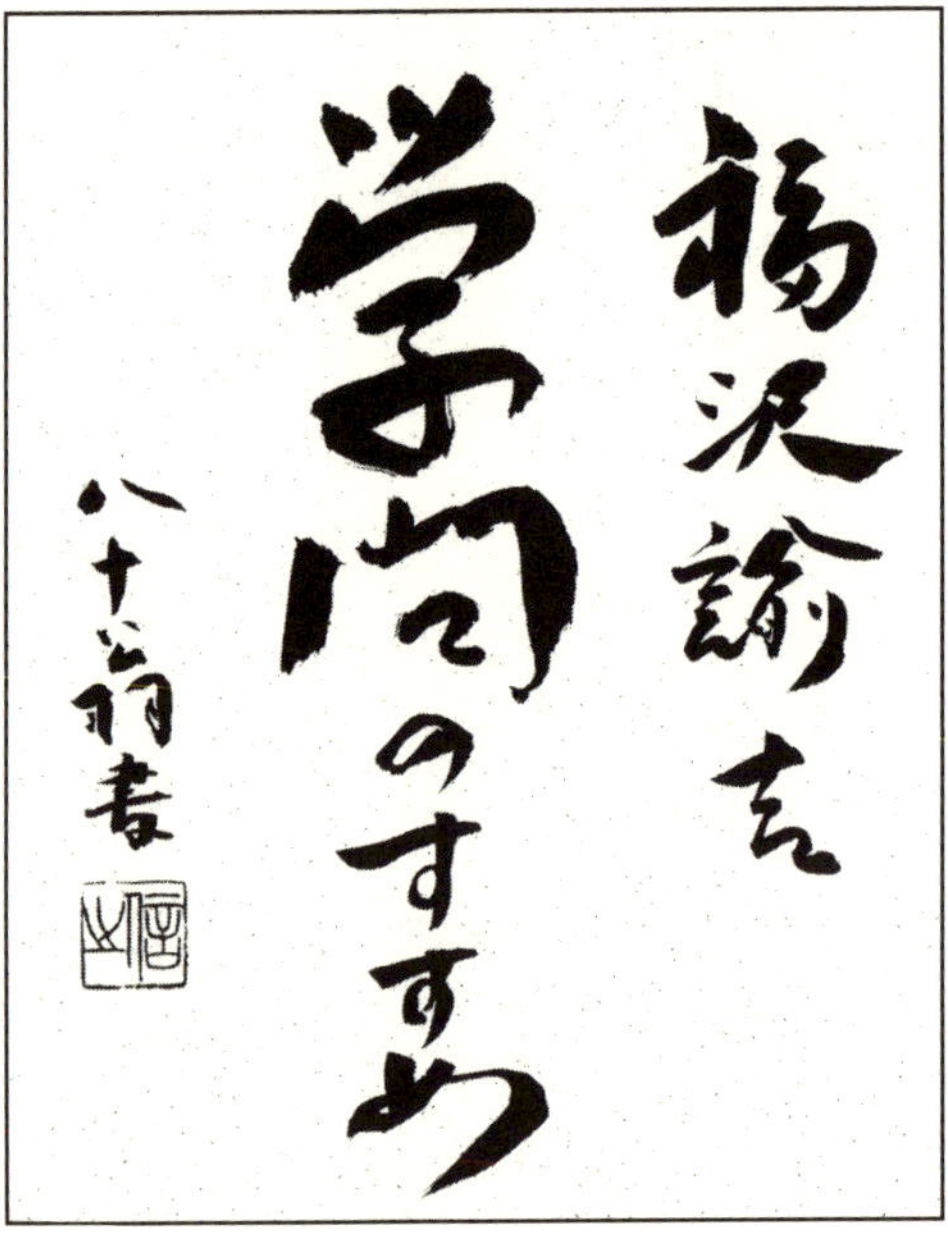

八十翁書

一冊の書で人生が変わる　ヘンリー・ソロー

一冊の書で人生が変わった人がどれだけいるのだろう。もしかすると、書物は私たちに起きた軌跡を解き明かし、新たな軌跡を示すためにあるのかもしれない。今、言葉で表せないことがどこかに書かれているのが見つかるかもしれない。

一人の子供、一人の教師、一冊の本、一本のペンでも世界は変えられる（パキスタン・マララ少女）

マララ・ユスフザイは２０１２年、十六歳のとき女性蔑視、差別運動に加担している、との理由で同じ民族の男から銃撃され、重傷を負った。その後欧米の理解者たちに保護され、その間の各地での女性が教育を受ける権利などを訴えた講演内容が評価され、二十歳・最年少でノーベル平和賞を受賞した。

彼女の国際連合での演説の一節「一人の子供、一人の教師、一冊の本、一本のペンでも世界は変えられる」は、イスラム教女性の夢と希望を一身に受ける女性の訴えとして世界的に有名になった。パキスタンでは基礎教育を受けられない子供が約50％、その多くが女性、と聞く。彼女は現在英国に住んでいるが、時には母国に帰国し、特に女性たちを激励している。

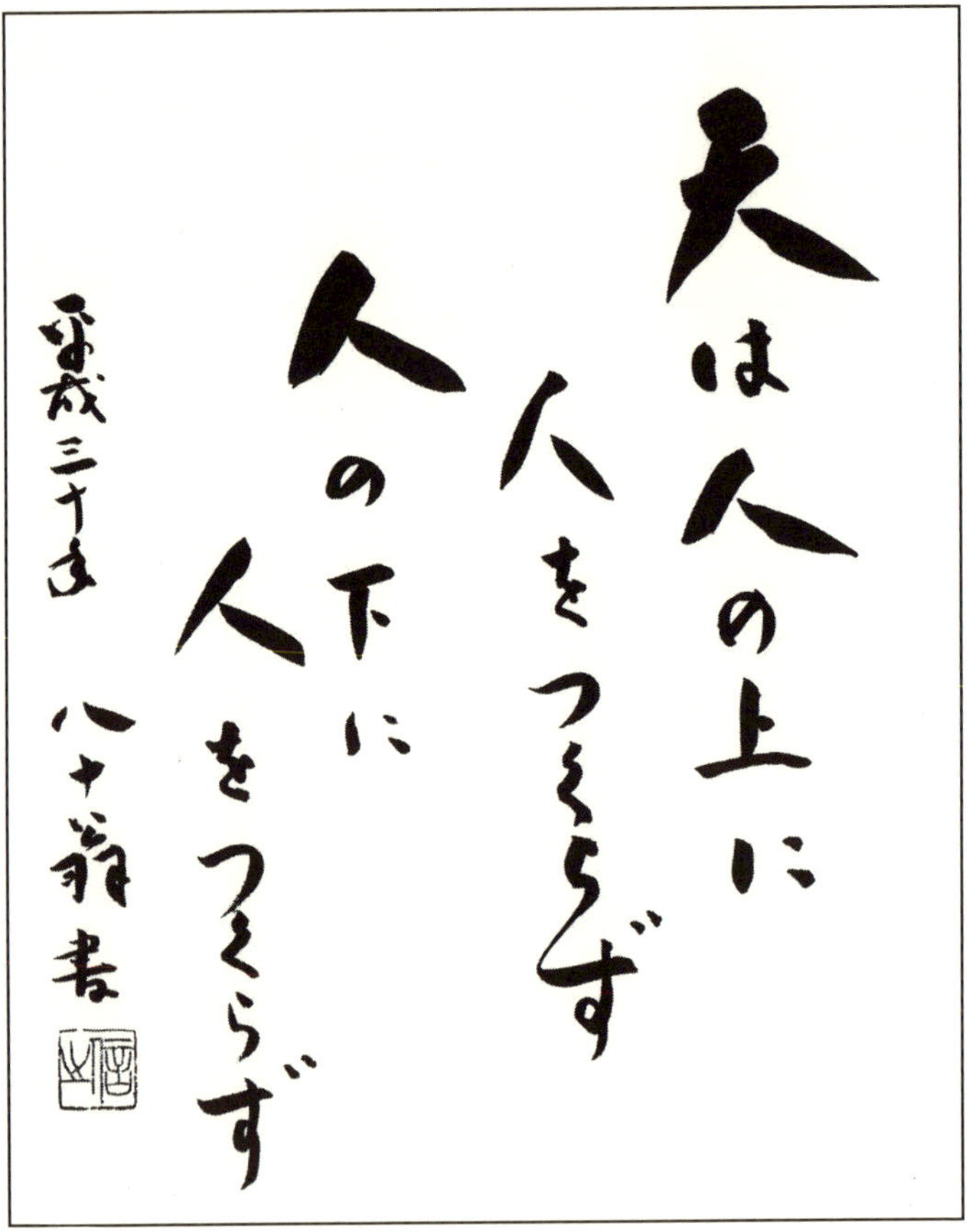

八十翁書

行くに径《こみち》に由《よ》らず

行くに径に由らず、これは論語の中の子遊の言葉で「大道は真っ直ぐに進むがよい。それは、よし回り道に見えても、平らで正しい。これに反し、近道に見え、変化の魅力を持っていても、小道はやがて行き詰まりが来る」、の意。

何ごともそうだ。大道を歩くべきと思うが、自分に余裕がないときは、つい近道を選びたがる。会社経営でも、長期計画とか、戦略を立てる場合、多少の時間がかかっても、正々堂々と、正論、本質を追求した大道を選ぶべきである。しかし、余裕がないとつい姑息なことを考え、何年か経ってその付けが回ってきて後悔する。

ある時、同級生の橋本龍太郎総理大臣に色紙をお願いしたら、「大道坦然」と書かれてあった。「大道は平らでよろしい」という意味である。そのうえ、大道にはパスポートが不要だ。しかも門がない。だから、だれもが好きな時に歩むことができる。

○小利を見れば、則ち大事に成らず

〜大局観を養うことは、より正しい道が見えてくる、に通ず〜

目先のことにとらわれると、大局を誤る。小さな利益に心を奪われては、大きな仕事はできない、の意。

これに類似した言葉に次のようなものがある。

○木を数えて林を忘れる
○木を見て森を見ず
○You cannot see the wood for the trees.
○It is important to have the bird’s - eye view.
○鹿を追う者は山を見ず
○灯台下暗し
○（投資家）　株を買うより時を買え
○疑わしきときは何もするな
○賢明な漁師は、漁場より潮を見る
○大道無門

八十翁書

備えあれば患《うれ》いなし

〜我れ、終活完了せり〜

誰もが終活を意識する、遺言、遺影、葬式の在り方、墓地など、人さまざまである。私はそれらの終活を完了している。その先には年忌の法要事もあろう。ついでに、その時用に、床の間掛け軸「南無阿弥陀仏」も用意した、瑞春寺の僧侶書。

瑞春寺僧侶書

◆コーヒーブレイク

入るを量りて、以って、出ずるを為す（礼記）

収入の多少を計算してから支出をする。それが健全財政の基本である。この言葉は、現代経済学の基本でもある、とても２０００年前の言葉とは思えない。

～寄付金の分配～

冗談好きのユダヤ人に、「私は驚いたことに、中国では２０００年前に驚くほどの経済感覚があった」とこの礼記の名言の話しをした。即座に彼は、宗教界では紀元前からもっと素晴らしい経済感覚がありますよ、と次のように披露してくれた。

カトリックの神父と、プロテスタントの牧師とユダヤ教のラビが三人で、教会とシナゴーグ（ユダヤ教徒の集会）で集めた寄付金を、どう分配するかについて話していた。寄付金の一部は慈善事業に回され、一部は神父や牧師、ラビの生活費に取っておかれるのである。

「私は地上に丸い輪を書いておき、集まったお金を全部空に向かって投げます。そして丸い円の外に落ちたお金は慈善事業に、円の中に落ちたお金は私が自分に取っておきます」とまず、神父が言った。

「ああ、そうですか。私も同じようなことをしていますよ」とプロテスタントの牧師が驚いて、言った。「ただ、私は地上に線を引いておいて、お金を空に投げ、左側に落ちたお金は慈善事業に回し、右側に落ちたお金を私が取っておくのです。これは何事も神の御意思ですな」

そう牧師が言うと、カトリックの神父が深くうなずいた。「ところであなたはどうなさるのですか？」二人はラビに聞いた。

「私はやはり皆さんと同じように、集まったお金を全部空に向かって「神様、好きなだけお取りください」と言いながら投げます。そうすると、慈善に必要なものは神が自ら取られ、私に与えてくださるお金は全部地上に落ちてくるわけです」

貧夫は財に殉じ、烈士は名に殉ず

貪欲な人間は財貨のためには命をも犠牲にし、烈士は名誉のためには命をもささげる、の意。烈士とは、道理に通ったことを主張し、実行するしっかりした気持ちの持ち主、すなわち、徳、信、仁、善ある人物をいう。

哲学者・西田幾多郎は言う、「**善とは、一言でいえば、人格の実現である**」と。

また、アリストテレスも言う、「**私は敵を倒したものより、自分の欲望を克服した者を勇者とみる。自分に勝つことこそ最もむずかしいことだ**」

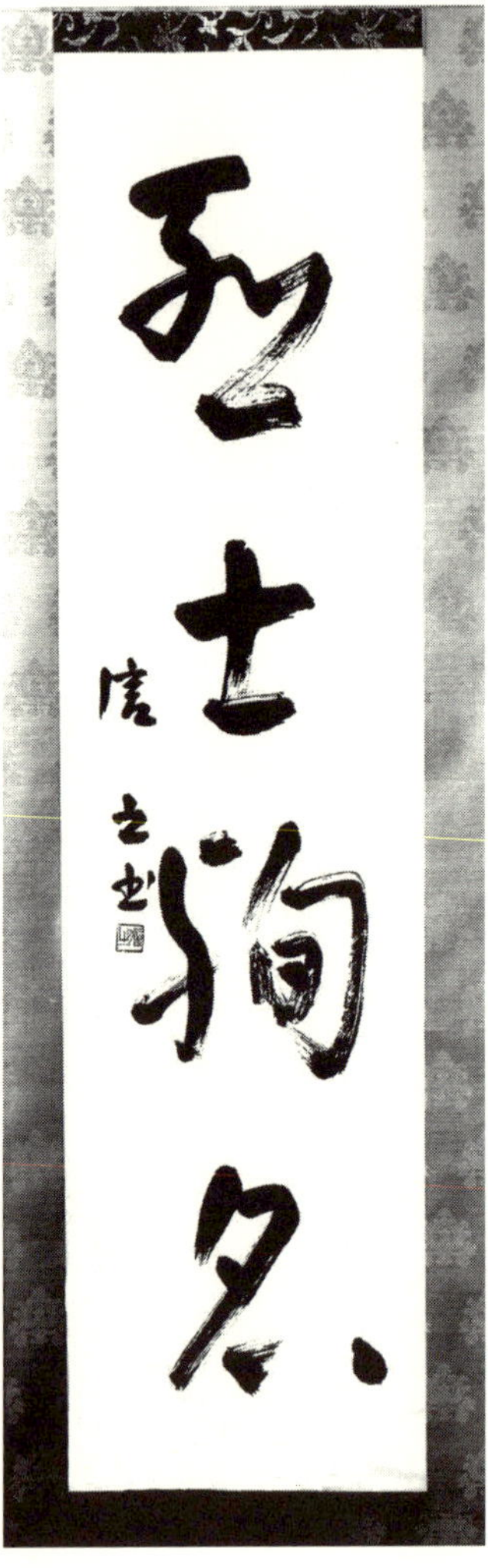

八十翁書

虚心坦懐　荘子

「虚心坦懐《きょしんたんかい》」は日本人が最も高貴な精神状態を意味する言葉として、大好きなものの一つ、すなわち、「心中に少しのわだかまりもなく、先入観を持たない、素直な気持ちで人や物事に臨む状態」をいう言葉である。

この言葉の出典は「荘子」。荘子という戦国時代の男が「道家思想」の全容を備えた書で、孔子、孟子に学んだようだ。その中の一節に次の文がある。

正しければ即ち静、静なれば即ち明、明なれば即ち虚、虚なれば即ち為すことなくして、しかも為さざることなし。

「一番先に正しいことをするがよい。正しいことを行っていれば、いかなる場合でも、自分の心は安静を保ちうる。その安静のできたとき、はじめて外の社会の真の姿を見抜く力、すなわち明が出てくる。真の姿を見抜く力が出てくれば、その時初めて自分の心が虚、すなわち他に煩わされない虚心坦懐の状態になる。この虚の状態になりえた場合には、どんなことをも自分の私心を用いて賢《さか》しらのことはしないが、その代わりどんなことでもなしえないことはなくなる。

これが人間にある喜、怒、哀、恐《く》、愛、悪、欲の七情に心を動かされないで世に生きる方法である」 これ、言葉「虚心坦懐」の出典である。

老年は我々の顔よりも心に多くの皺を刻む

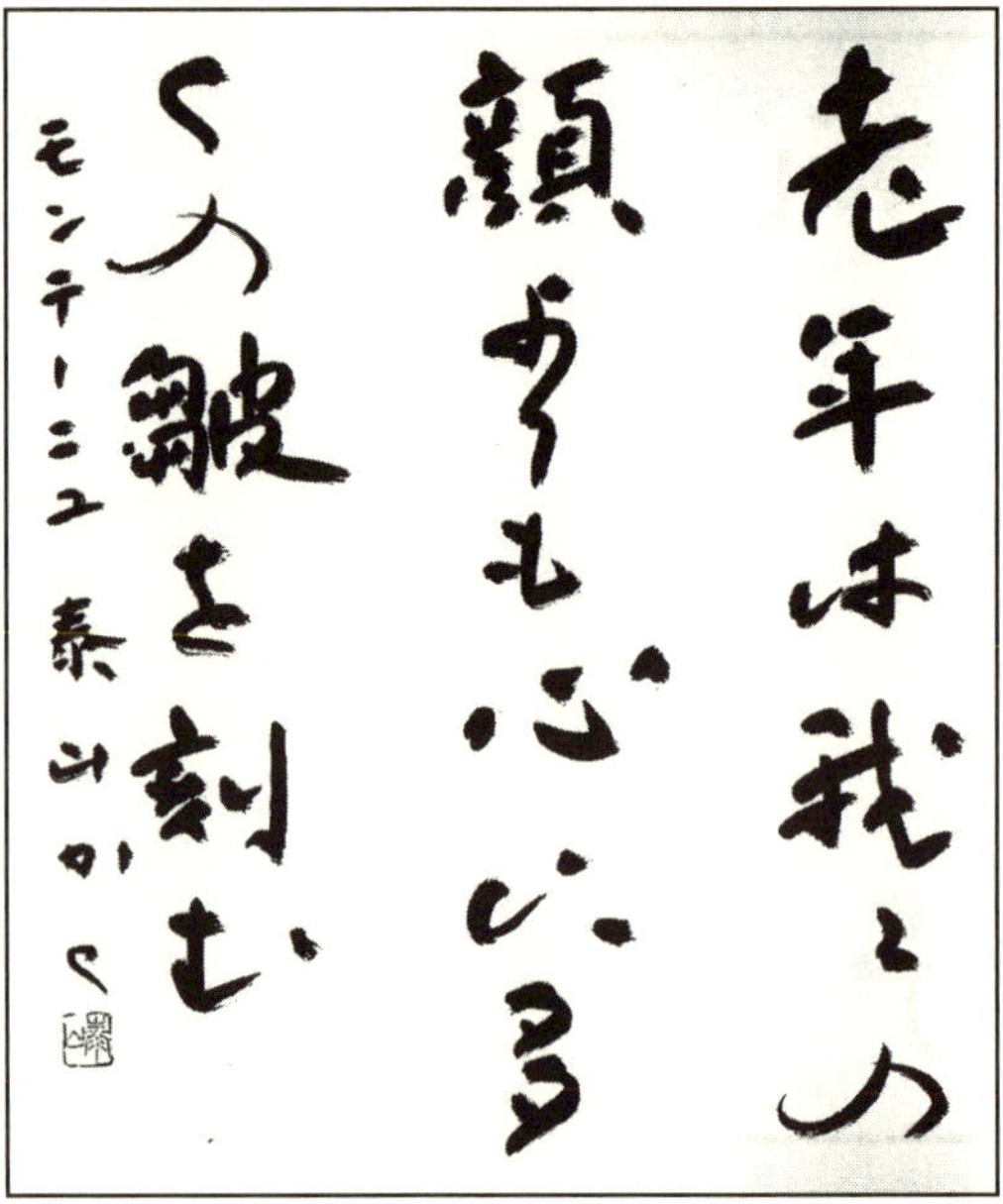

泰山かく

国家戦争と企業経営は同じ、失敗すれば滅びる

（1）企業経営と孫子の兵法

孫子の兵法が経営者の間で大変人気がある。孫子は紀元前535年生まれ、春秋時代の武将で戦争大好き男、今風の表現なら軍事評論家。その戦略、戦術言葉が経営に相通ずることから人気があるといえよう。そのいくつかを挙げてみる。

善く戦う者は勝つとは、勝ち易きに勝つ者なり

よく戦う者、すなわち善戦するものが勝つ、という言葉があるが、それは、勝ちやすい、必勝の見込みがある相手と戦って勝つことをいったものである。

これが真の勝ちで、一か八かで勝つのは本物ではない。見込みのない戦争をするものは必ず失敗に終わる。

戦いは、正を以って合し、奇を以って勝つ。奇正の変は、窮《きわ》むるに勝《と》うべからず

合戦の場合は正々堂々の陣を張って戦い、奇襲を受けた場合には、直ちに応変の処置をとって、これに勝つべきものである。

こうした奇正応変の道は複雑多様で、極めつくせないほどである。

その他の戦い戦術、

○自軍の遠くから挑発してくるのは、誘い出そうとしているのだ。

○遠くして戦いを挑むものは、人の進むを欲するなり。

ある敵が河を渡ってきたら、河の中にいるうちには攻撃せず、半数を渡らせておいてから攻撃するのがよい。

○山地では谷沿いに進み、視野の良い場所に布陣する。高所にいる敵に向かって攻めに行ってはいけない。

○敵が攻撃しないのを期待するのではなく、敵が攻撃できないような状況を作っておくことを頼りにすべきである。

○君主の命令に従ってはいけない場合もある。

○敵を包囲したら敵の逃げ道を必ず開けておき、追い詰めたり、攻撃をしてはいけない。

○戦争が上手な者は、敵の士気が旺盛な時は避け、士気が緩んだ時に攻撃をすべきである。

○戦い上手は、相手を動かして、自分は動かないこと。

（2）国家戦争は逆徳なり、争いは事の末なり

国大《くに》なりと雖も、戦いを好めば必ず滅び、天下平らかなりと雖も、戦いを忘れば必ず危うし。

どんなに国が大きくとも、戦争好きであっては必ず滅びる。また、どんなに天下が太平であっても、万一の戦争に対する準備を忘れるようでは、必ず危うくなるものだ。

戦いに勝つは易く、守りて勝つは難し

戦って勝つのは優しい。しかし、守って勝つことは難しい。守って最後の勝利を得るためには乱れることのない協力一致が必要だからである。

戦いは逆徳なり、争いは事の末なり、と史記にある

史記にこの言葉が記されていることは、紀元前７００年以後六百年間は中国最大、最長期間の戦国時代であった、次の戦争年表通りである。これを憂いてのことであろう。

二千年前より、戦争をしてはダメ、と先人は訴えている。なのに戦争が絶えたことがない。なんと、人間の進歩はないのか！

紀元元年より、今日２０１８年までに世界各国、地域での戦争は、約二百五十回、百年ごとに二十五の戦争が勃発、継続されていることになる。

	中国文化	時代概要	日本文化
紀元前721年	春秋の始まり	春秋の5覇：勢力争い	縄文式文化
紀元前600年	詩経、書経成る	斎・晋・宋・秦・楚	縄文式文化
紀元前450年	論語成る		縄文式文化
紀元前433年	孝経、大学成る	戦国時代始まり	縄文式文化
紀元前431年	中庸成る	呉越抗争	縄文式文化
紀元前380年	老子成る	晋の分裂	縄文式文化
紀元前350年	春秋左氏伝成る	秦、東周を滅ぼす 楚、魯を滅ぼす	縄文式文化
紀元前289年	孟子成る	233～220年：楚滅ぶ、韓滅ぶ 趙滅ぶ、燕滅ぶ、魏滅ぶ	弥生式文化
紀元前280年	荘子成る		弥生式文化
紀元前233年	韓非子成る	斎滅ぶ	弥生式文化
紀元前221年		秦王・始皇帝に！　天下統一	弥生式文化
紀元前210年		始皇帝没、項羽・劉邦の抗争	弥生式文化
紀元前200年		長安に都をおく	弥生式文化
紀元前154年		呉・楚7カ国の乱	弥生式文化
紀元前141年	（外交政策とる）	武帝即位、初めて年号制定	弥生式文化
紀元前122年	淮南子成る		弥生式文化
紀元前108年		武帝朝鮮を平定	弥生式文化
紀元前86年	史記成る	武帝没（87年）	弥生式文化
この頃に過去を嘆いて詠まれた：**戦いは逆徳なり、争いは事の末なり**			

ギリシャの哲人エピクロス曰く、

明日を必要としない者が、最も快く明日に立ち向かう

一瞬のために生きた人がいた。短命にかかわらず、不滅の業績を残した人がいた。惜しまれて、限りない魅力を残して。「金も要らぬ、名誉も要らぬ、命も要らぬ」といった南洲西郷隆盛は、日本では、この種の代表的な人物であろう。その西郷隆盛をしのんで、勝海舟が詠んだ歌、「濡れ衣を干そうともせず子供らが、為すがままに果てし君かな」

そして、勝海舟自身もまた、身命を惜しむことなく散った。

エピクロスは紀元前4世紀のギリシャ哲人。

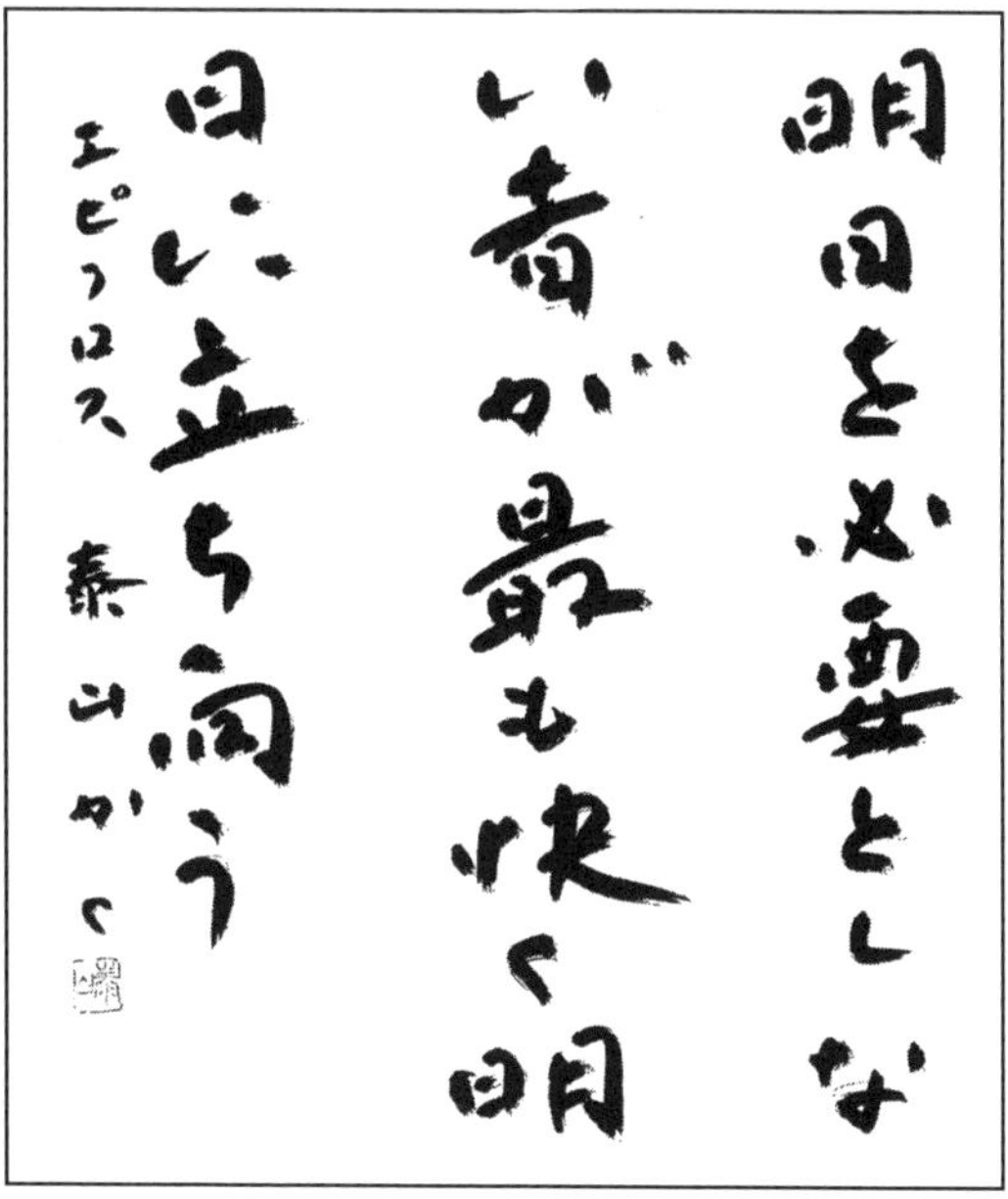

泰山かく

見張りの者を誰が見張る

以前、「タレコミ」という語があった。どこか暗い響きがあった。最近、「内部告発」の語は、勇気ある行動になったのだろうか？　それによって明らかになったことも多いようだ。「見張りの者を」は、もっと腐敗政治家に向けられた根源的なテーマとされる。

高官・大企業トップなどは、かつては絶対の信頼を寄せられていた。いまや、「いたるところ不正あり」の感がある。責任を取らないのを見ると、当事者不在の世の中になってしまったのか。

ユウエナリスは1～2世紀、ローマの風刺作家。

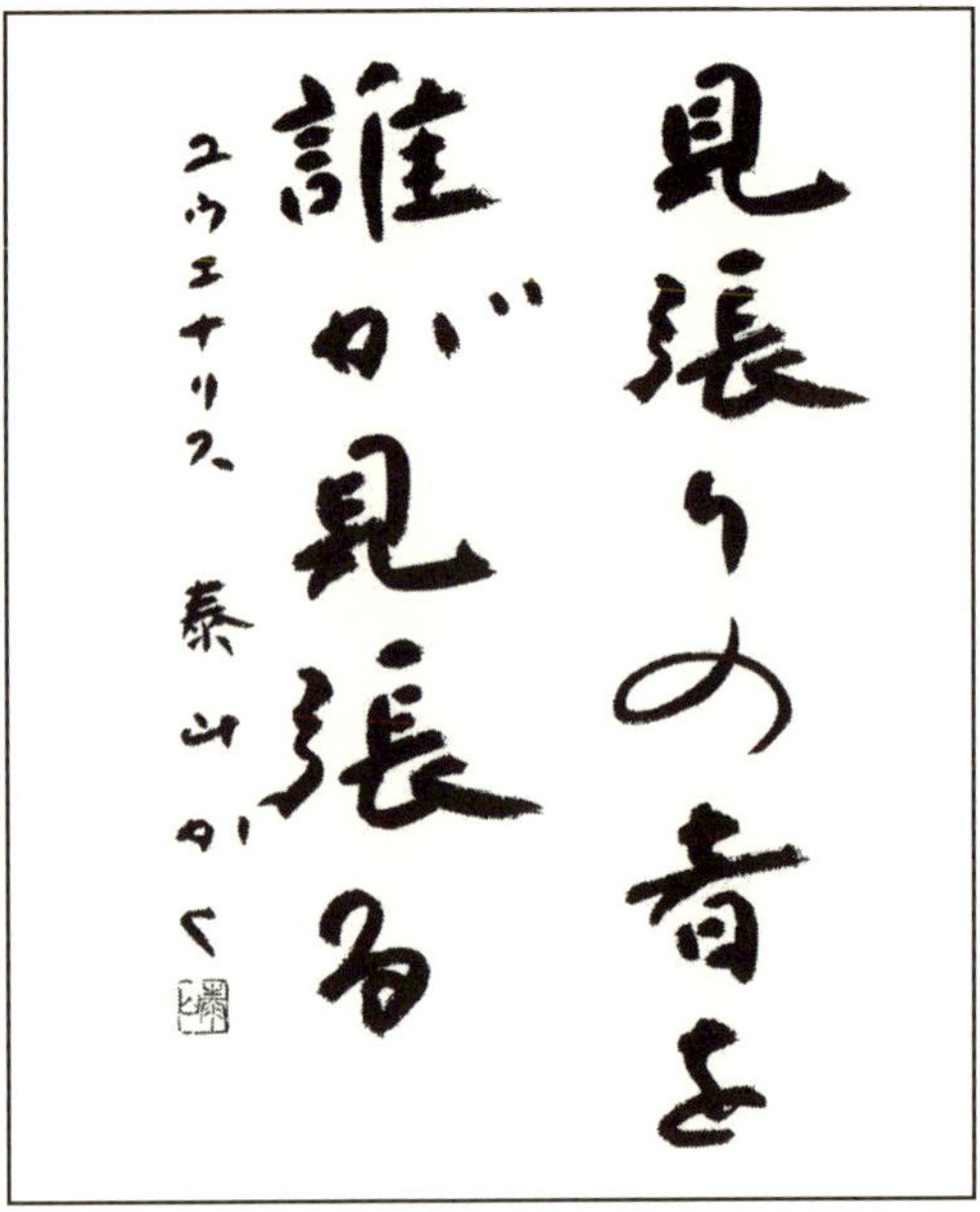

泰山かく

太陽は万人に輝くが　多くは日陰にいる

小学校に通えない子供は世界に５９００万人、この問題は貧困・飢餓問題と同意語である。１９８１年、貧困からくる世界食料問題を考える日として、国連は10月16日を「世界食料デー」と制定した。その年を契機に、日・欧・米が中心に援助が特に盛んになり続けられているが、事態は一向に改善されていない。

２０１７年国連発表ニュースによれば、世界の飢餓人口は８億１５００万人、５秒に１人、子供が飢餓でなくなっている。この地球上のおよそ８人に１人が、基本的に必要な食糧を手に入れることが出来ていない。

飢餓人口の人口分割合は、アジア11・７%、アフリカ53・９%、中南米諸国は６・６%。これらの数字は、小学校に通えない５９００万人にほぼ通じている。

飢餓と貧困に喘ぐ人々の多くは物質的な欠乏ばかりでなく、人間としての尊厳をも同時に奪われているのです。私の中学時代の同級生が国際飢餓対策機構の総裁をしている関係で、私も毎年10月に名古屋で「世界食料デーイベント」を開催し、もう20年以上続いている。その都度日本から派遣されているスタッフによる現地での支援活動の報告講演は感銘的であり、多くの成果を確認することができる。しかし、さらなる大勢の支援者を必要としている。

貧しい国々の飢餓問題、教育問題界の根は深く、一朝一夕では解決できない。何せ、国民が働きたくても仕事がない。したがって、収入もない。要するに、国民の問題というより、国家全体の問題であり、且つ、時間を要する。解決策に奇跡はない、根気よく努力する以外にない。

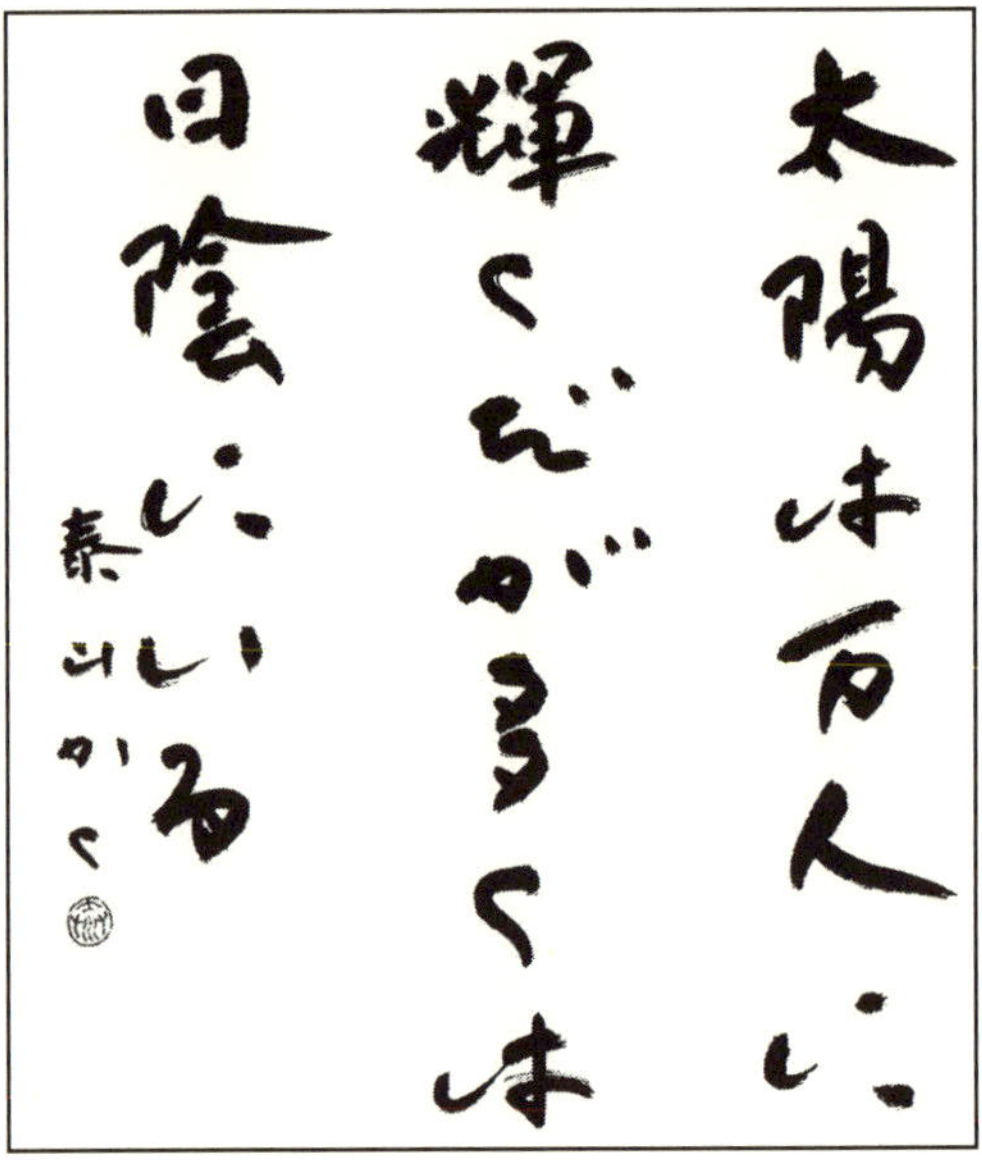

泰山かく

◆コーヒーブレイク

21世紀の最大問題「飢餓」に関心を！

世界飢餓問題に取り組む男：山森鉄直（１９９８年南山中学同窓生会報より）

１９５７年の４月、横浜港よりシアトル行きの氷川丸で旅立つ。あれから40年。私は今、国際飢餓対策機構（Food for the Hungry International…略してＦＨＩ）の総裁の立場にあり、世界各地の支部や提携先事務所を訪問するのが仕事である。これまでに３００万マイルを超す旅をし、１００カ国以上を訪れている。

なぜ飢餓問題に取り組むことになったのか、その理由を述べることで自己紹介に変えさせていただく。

第一には、飢餓の悲惨な現実である。飢餓は21世紀に世界が直面する最も深刻な問題の一つである。今日10億の人々が食糧不足に悩む。一日に４万人が死亡。その多くが子供である。現在、ＦＨＩでは毎年40カ国に対して食糧や医薬品を送る援助、また災害援助と長期開発プログラムを通じて年間１５０万人の人々を援助している。

第二には、個人的な飢餓体験である。戦争が激しくなったころ、児童は田舎へ集団疎開をした。当時７歳の私は、食糧不足により医者が匙を投げたほどの重い栄養失調になった。

ＦＨＩの創始者ラリー・ワード博士に会ったのは１９７９年。私はバイオラ大学で教鞭を執っていた。博士はタイの難民キャンプに保護されているカンボジア難民の悲惨な状況を話し、医療と食料補給を助ける看護の人手が必要と説いた。早速私は学生と教員57人のボランティアを組織して、１９８０年にタイへ行った。そこで目撃した多くの死。私は死んでゆく子供たちの顔に自分の顔を重ね合わせていた。翌年、大学教員生活に終止符を打ち、正式にＦＨＩのスタッフに加わった。

第三には、母校南山で教わったキリスト教的精神である。神父様が授業の中で隣人愛の大切さと視野を広げて地球規模で思考することの重要性を繰り返して説かれたことを覚えている。

最後は、飢餓問題について何かができるという私の信念である。一人の人間が状況を変えることは可能だと思う。私たちは皆を助けることはできないが、だれかを助けることはできる。ここから始めれば、それぞれにできることはたくさんある。例えば自分で選んだ救援組織を通じて関わっていくなど、皆さんもそれぞれに合った方法でこの大問題に応えていただきたい。

沈黙は金なり（雄弁は銀　沈黙は金なり）

イギリスの思想家・トーマス・カーライルの言葉。

「沈黙」を銀よりも高価な金にたとえて言ったもので、よどみなく話せることも大事だが、黙るべき時を知ることは、もっと大事だ、の意。

類した名言に次のようなものがある。

○Speech is Silver. Silence is Golden.

○言わぬが花

○口は禍の門

○口は災いの元

○言うべき時を知る人は黙すべき時を知る（アルキメデス）

○だまっている奴は危険だ　騒ぎたてる奴はそうでもない（ラフォンテーヌ）

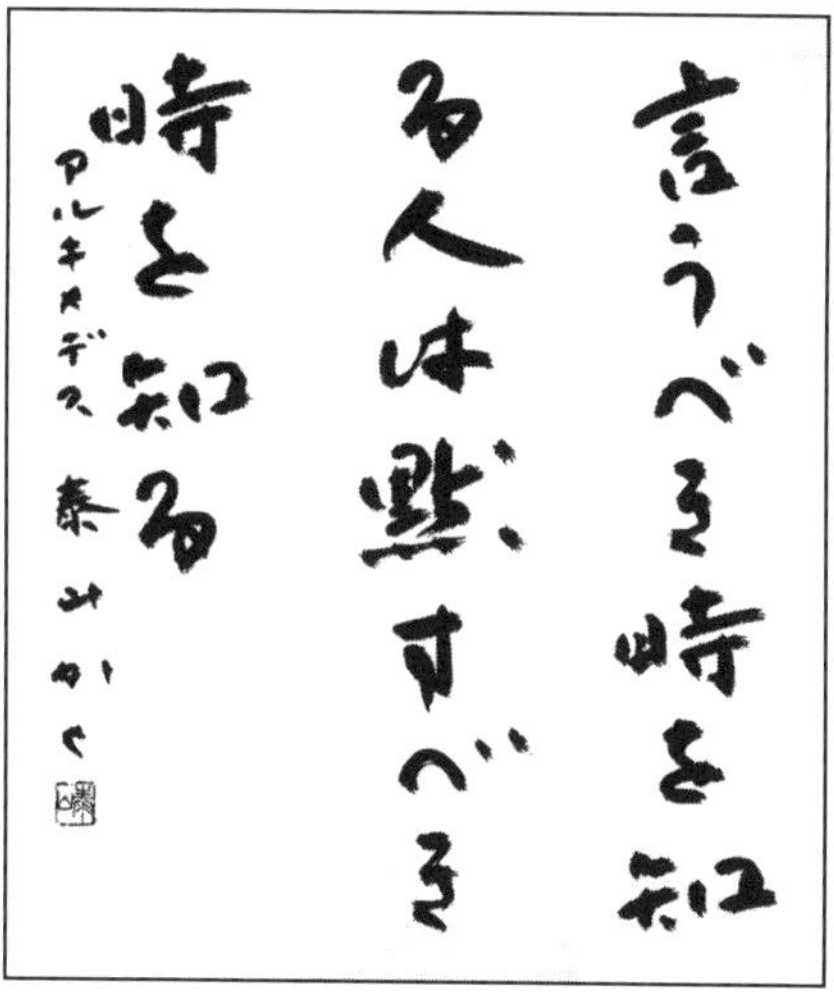

泰山かく

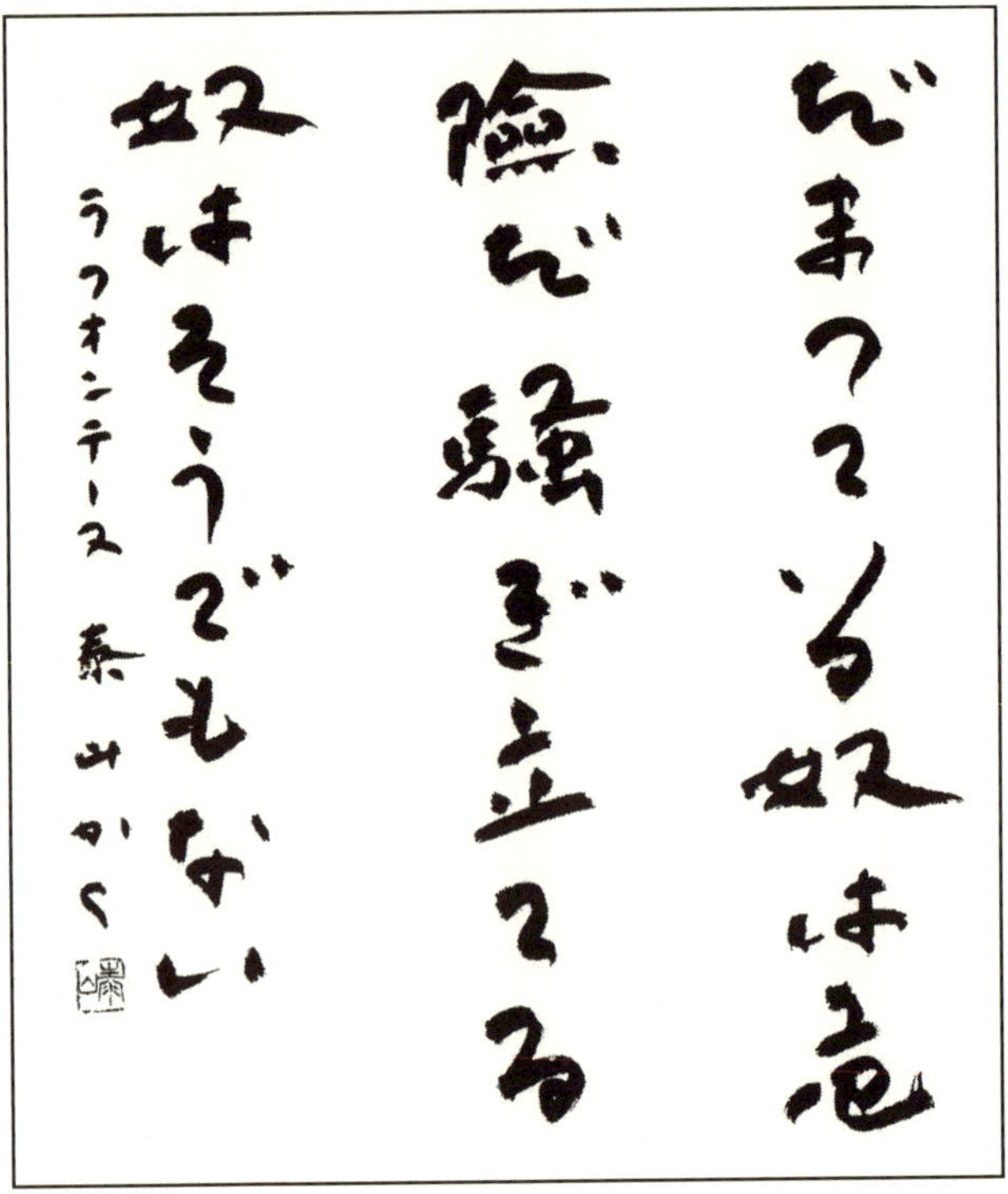

泰山かく

我れ、木鶏たりえず　双葉山

~修行の未熟さ~

大横綱・双葉山定次が１９３６年（昭和11年）、安藝ノ海節男に70連勝を阻まれた時、「我れ、木鶏たりえず」すなわち、「吾輩はまだ未熟であった」と語った。さすがに大横綱である。

「木鶏に似たり」（荘子）は見たところ木で彫った鶏のようだが、実は無心で万事をうまく処理することができる鶏をいう、すなわち、困惑に打ち勝つ際の最上の姿、構えである、の意。

男・紀セイシが王のために闘鶏を育てていた。訓練開始して10日後、王が「もう大丈夫か」と聞いた。男は「まだ虚勢を張っているからダメです。まだ相手の動きに心を動かすところがあるから」と。さらに10日経って聞くと、「もう大丈夫でしょう」と答えた。その時の闘鶏の様子は全く木鶏のようだった。これを見た相手はみな戦う気力を失い、逃げ出してしまった、という話。双葉山は「理想の木鶏になれなかった」と悔やんだのである。

泰山かく

日に新たに、日々に新たに、また日に新たに

今日の行ないは昨日よりも新しく良くなり、明日の行ないは今日よりも新しく良くなるように修行に心がけねばならない。

将棋界物語　その一　板谷四郎八段

～藤井聡太天才少年棋士のルーツ～

２０１６年から突如日本将棋界に賑わいを見せている藤井聡太天才少年にまつわる話である。

時は半世紀さかのぼるが、少年の大師匠のお父さんに当たる板谷四郎八段が活躍したころの将棋界状況を「週刊文春」（２０１８年5月ゴールデンウィーク特大号）は次のように記している。

かつて将棋界は関東、関西、そして棋界の親子鷹でもある板谷四郎・進率いる東海勢が覇を競った。連盟東海本部長を務めた四郎は、応召兵として出征。戦後に名人と刃を交えた勝負師だ。その次男・進は１９７６年の順位戦で升田幸三に粘りに粘り、持ち味の体力将棋を見せつけた伝説を持つ。

父子は後に、後進育成のため名古屋に将棋教室を開き、「名人位を東海へ」と願った。だが１９８８年、進が地元で指導中にくも膜下出血で早逝。七年後に四郎も死亡。東海棋界の灯火が消えるかに見えた。

が、1999年にプロの登竜門である東海研修会を板谷門下らが立ち上げる。

2010年、その門を叩いたのが七歳の藤井少年である。講師を務める杉本（昌隆七段師匠）は大胆な攻めをわずか数十秒で編み出す子供に目を奪われた。東海から名人をという夢が孫弟子に託された瞬間であった。

八十翁書

事実は小説よりも奇なり

将棋界物語　その二　板谷進九段

中学校二年生、十四歳二カ月で～板谷進棋士誕生の裏話～

話は、板谷進少年の中学時代にさかのぼります。彼は名古屋市内の南山中学に入学した。彼には三歳年上の兄・喬さんがいます。お父さんの四郎先生は兄の喬さんをプロにさせようというお考えでした。兄・喬さんもそのつもりであったようでしたが、ある時、喬さんは自分には期する道があると変心したためプロ棋士になることを断念する旨、父・四郎さんに申し出たのでした。実は私・筆者は兄の喬さんとは南山中学・高校時代の同級生でしたので、そのあたりの雰囲気は察知していましたが、その時の親子の会話、内容等を詳しく知る余地はありません。しかし、四郎・お父さんは随分がっかりされたと、後日談話を聞きました。当然ながら、兄・喬さんはその後自分で決めた道を歩み、立派に成長されました。

兄・喬さんがプロ棋士を断念した時点では、四郎・お父さんは、弟の進さんをプロ棋士にさせようとは考えておられなかったようです。兄・喬さんのことがあってか、自分の進路は自分で決める、という親心があったのでしょう。ここで、家庭内は一件落着、となったかにみえました。

ところが、それからしばらくして、弟・進さんに転機が訪れました。期を計らっていたのか、進さんは、「兄がプロにならないなら、俺が成る！」とお父さんに申し出をしたのでした。驚いたお父さんは、兄のこともあってか、「兄がやらないなら俺がやる、というほどプロの世界は甘いものではない、止めておけ！」と、ガンと承知をしなかったのです。

当時南山中学の一学年生徒数は150人（現在は200人）と少人数のため、また、兄の喬さんは私と同級生であったから、私も進君のことはよく承知していました。当然、進君の担任の先生の耳にも入ったようです。担任先生は進君の真意を確認した上、「先生がお父さんに会い、直談判してやる」と約束したのです。

その先生の名は「野田千平」。当時の先生群の中で最も熱血漢の先生でした。私のかつての担任先生でもあったので、よくわかっています。「野田先生が進君のお父さんに直談判する」の報に接し、「事態は動く」と確信しました。野田先生の熱意にほだされたお父さんは喜び、後の板谷進プロ誕生につながったのです。

プロになってからあっという間に時間が経ち、日本将棋界で例のない「親子八段誕生パーティ」も開かれました。その席上で、来賓祝辞の一人・野田千平先生の満面微笑みの祝辞は万雷の拍手で迎えられ、実に痛快であり、また、印象的でした（後年、進八段は九段に昇格）。

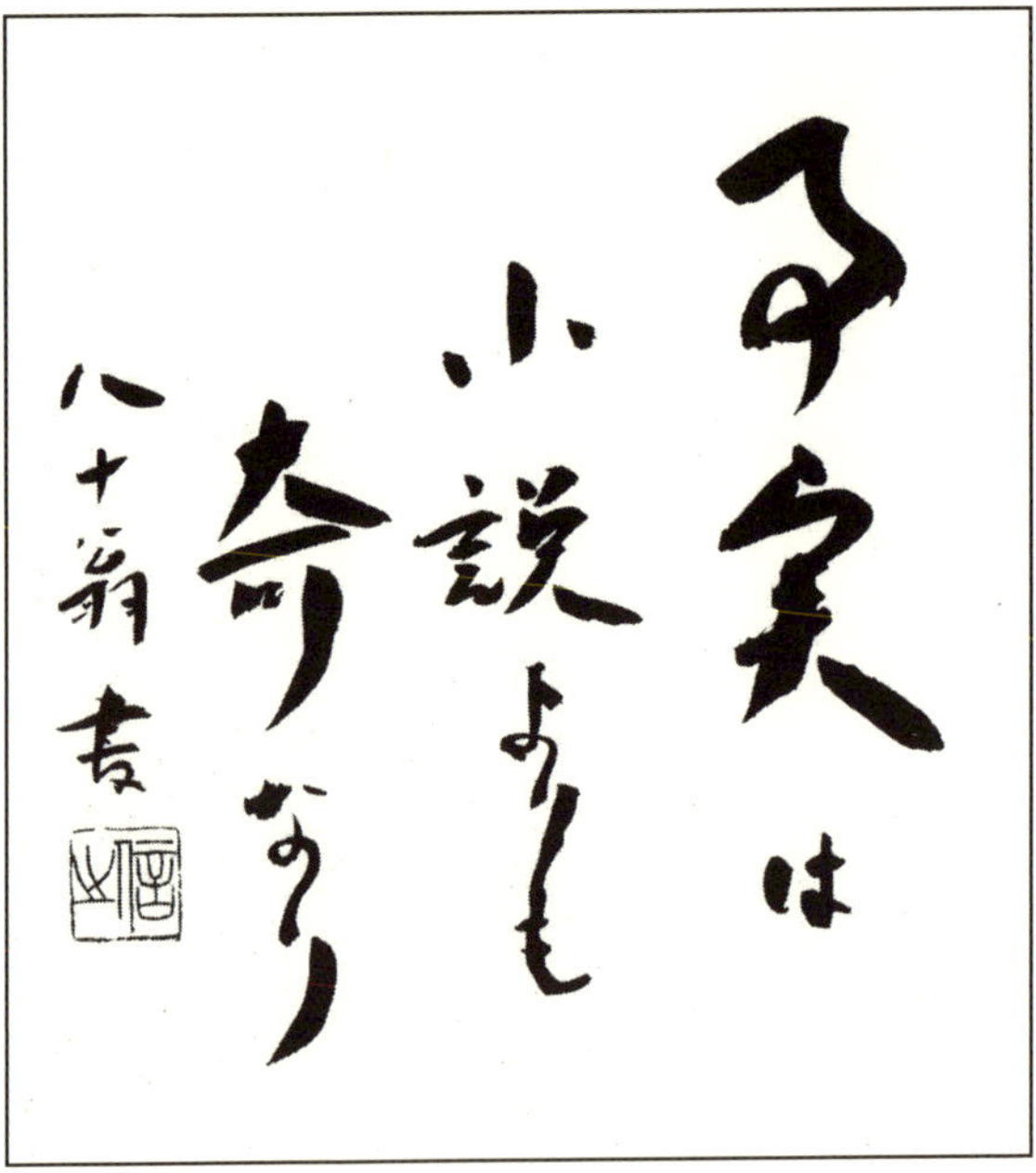

八十翁書

少年よ、大志を抱け　Boys, be ambitious！　クラーク博士

将棋界物語　その三　杉本昌隆師匠と藤井聡太少年
～大師匠の夢をかなえることが、自分の夢である　藤井聡太～

２０１６年、にわかに将棋ブームが起きた。10月に中学校二年生、十四歳二カ月、歴史上最年少の四段でプロ入りした藤井聡太少年の出現で始まった。その後、公式戦29連勝の新記録もあって異例の速さで昇段する。十五歳六カ月で五段、六段、そして２０１８年5月18日、十五歳九カ月で七段に。神武以来の天才と言われた加藤一二三最高位の九段でもプロ入り後二年半かかっての七段入りだったその記録を破っての快挙でありました。

一方、藤井少年の師匠杉本昌隆七段は、板谷進師匠の逝去後の１９９９年に「名人位を東海へ」を秘めた板谷門下生らと東海研修会を立ち上げた。

藤井少年の師匠は度々テレビなどに出演もされている杉本昌隆七段であることは多くの人々が承知するところである。杉本さんは藤井少年の後見人的役割をしておられる傍ら、少年の昇段のカギともなった２０１８年春の師匠対弟子対局でも話題になった。

杉本さんの師匠が板谷進先生であったことから、藤井少年のルーツは大師匠板谷進先生、さらに、そのお父さんの板谷四郎先生につながっている。

しかし残念なことに、杉本さんが十九歳の時（１９８８年）に板谷進師匠が他界された。そのため、杉本さんが夢にも見た板谷師匠との公式戦師弟対局は実現しなかった。

杉本七段は、先の藤井少年との師弟対局（２０１８年）を終えた後「自分が板谷師匠との師弟対局はできなかったが、形を変えて藤井少年との師弟対局が実現できたのは本当に嬉しかった」と、さらに、「午前中の対局では、生前板谷師匠が愛用した扇子を手に戦ったが、感傷に耽ってしまったので、午後は持ち替えた」とも語った。なんと師弟愛を感ずる感動的な言葉ではないか！

志《こころざし》、千里に在《あ》り

さらに頼もしいことは、藤井少年が「大師匠（杉本師匠の師匠の板谷進先生）の夢をかなえることが、自分の夢である」と事あるごとに語っている、ことだ。

改めて、板谷九段の夢は「名人位を東海へ」であり、その夢を実現するために杉本さんらによる「東海研修会の設立」であった。杉本師匠、ならびに藤井少年を筆頭の門下生らが奮起し、その夢が現実となる日も遠くはないかもしれない。

志は、気の帥《すい》なり

「志」は思想精神、「気」は人間のからだに満ちている元気気力、「帥」は軍隊の総大将。

思想が確立しており、精神がしっかりしていれば、おのずから元気も気力も出てくる、の意。
志の立たない人は、舵のない船と一緒だ、と聞いたことがある。

自分の確たる考え、思想を抱き、精神をしっかり落ち着かせ、さらに、できる限り視野を広げた志を持ちたいものである。会社、企業においても同じで、創業の精神を念頭に、中期計画、長期計画を立て、その達成のための目標管理に邁進しなければならない。

八十翁書

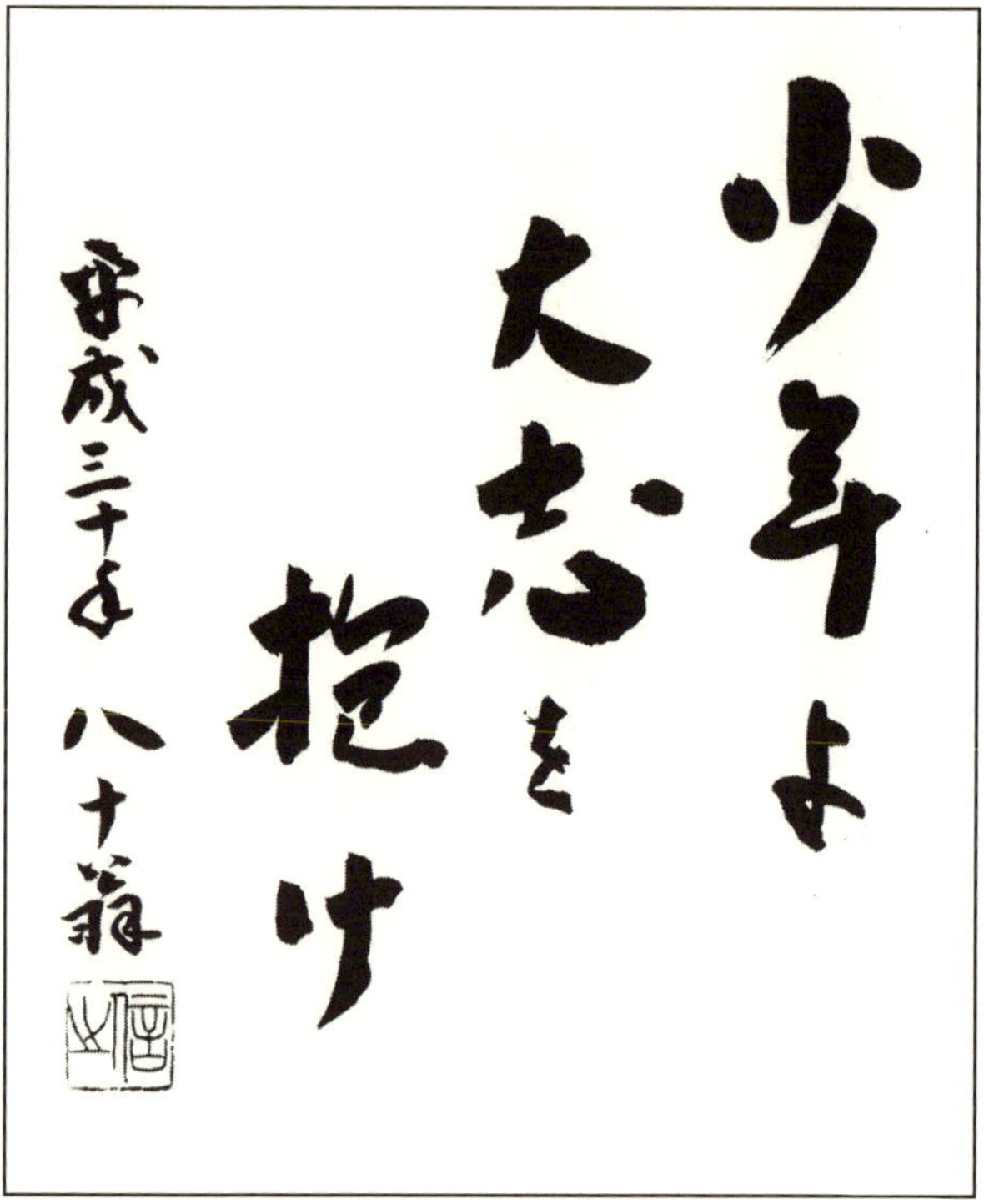

八十翁書

◆コーヒーブレイク

～「少年よ、大志を抱け」、実は「明治政府が大志を抱いた結果」であった～

「少年よ、大志を抱け（Boys, be ambitious!）」は日本の若者を元気付けた最も有名な言葉である。北海道開発に意欲的であった明治政府推進者・黒田清隆は開拓の範をアメリカに求めた。自ら渡米し、時のグラント大統領の推薦で農相ケプロンが来日、北海道開発計画が策定された。ケプロン帰国後、日本側の要請で派遣されたのが、ウィリアム・スミス・クラーク博士（１８２６～１８８６年）で北海道大学の前身である札幌農学校創設時、明治９年（１８７６年）に助手二人とともに来日した。そして11人の生徒とともに横浜港より新開拓地へ出帆、３週間後に札幌についた。当時は、もちろん新幹線はおろか、船舶以外の交通手段はなく、北海道行きは異国へ旅立つようなものであっただろう。

開校式にあたり校則を用意した日本側に、規則で人間をつくるのではない、「紳士たれ（Be gentleman!）」だけで十分だ、と日本人らを驚かせた。ところが学生らは酒を飲んで暴れる始末、酒好きのクラークは来日に際し持ってきた一年分のウィスキーを、自らも禁酒することを決意した。生徒たちにことごとく酒ビンを教室に運ばせ、自らのウィスキーとともに、その場で、金鎚でビンを叩き割ってともに禁酒を誓った。

1年後クラーク博士は帰国に際し、生徒一人一人の手を握って決別した。そして最後に馬上から皆に向かって「Boys, be ambitious!」と叫び、馬首をめぐらすと、そのまま彼の姿は、坂を上り、疎林の間の道を曲がって、見えなくなった。

将棋界物語　その四　板谷進九段のもう一つの夢「東海に将棋会館を」

～できれば将棋・囲碁同居ビル会館建設を～

奇跡を願うのは良いが、奇跡に頼ってはいけない

進九段先生は「名古屋には囲碁会館はあるが将棋会館がない。是非、将棋会館を作りたい、それが生涯の夢である」、と度々口にしていた。先生のお嬢さんがブラザー販売株式会社に勤めておられたこともあり、ブラザー将棋部へ指導のため度々会社へ足を運んでくださった。先生来社の折には私も数回お会いしたが、主に当時の市川俊三副社長が対応し、進先生の大きな夢を受け賜わった。

先生ならびに先生の兄の喬さん、出身校の南山中・高同窓生らが将棋会館建設を応援する約束も整っていました。

進先生の構想は、「名古屋市郊外の広い土地に、平屋の木造建築で、日本将棋の由来、歴史館も含めた将棋会館を設立する」でありました。

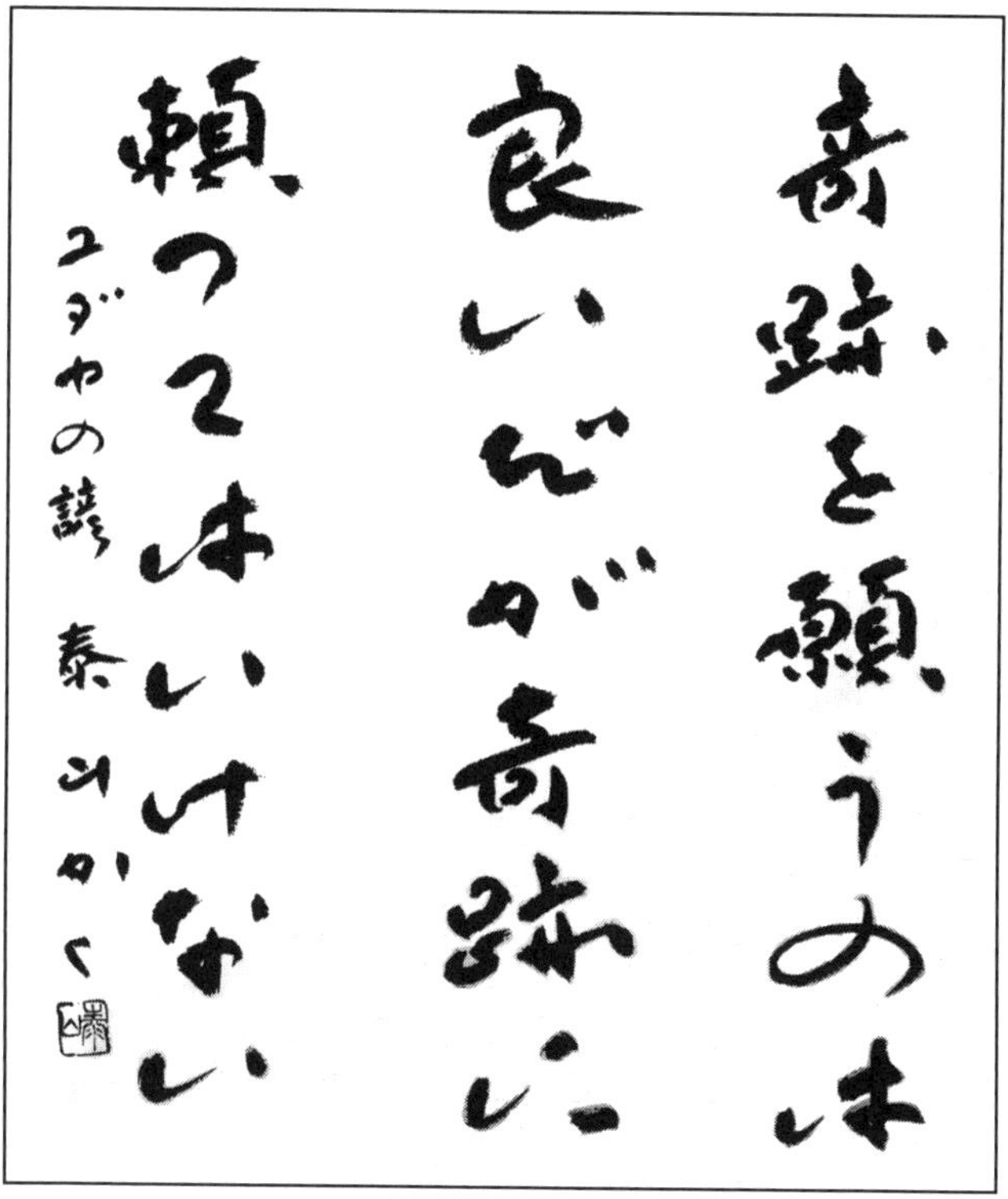

泰山かく

あれから30余年経過していますが、「将棋会館設立の夢」を改めて、杉本七段・門下生らで真剣に考え、関係者に提案するようファンの一人としてお願いしたい心境です。よく将棋と比較される囲碁は、中国が起源です。一方将棋は、西洋のチェス、中国将棋とも関連するだろうが、「対局で相手から取り上げた駒を、こちら側で再使用できる」など日本独特のルールもあることから、純然たる日本の伝統文化であります。東京、大阪以外の名古屋に日本古来の将棋文化がより根づき、より定着するためにも、「名古屋に将棋会館建設の夢」の実現を祈念します。

幸いなことに、名古屋には50年前から囲碁・中部総本部会館が存在しています。その会館も将来建て替えの時期が来ましょう。将棋会館と囲碁会館が同居するビル構想も面白いのではないかと将棋・囲碁ファンとして期待します。

物事は反対側からの景色を見て行動せよ

～裏側から見る景色は意外に美しく、見る価値がある！～

自分の側から見る景色は、相手側、すなわち反対側から見る景色と随分異なることが多い。この現象はいろいろなケースで散見できる。五つのケースを見てみよう。

その一　企業・会社経営：

経営者・企業家は相手・お客さん側に立って考え・行動せよ

大学には色々な学部がある、経済部門に限定すれば、（学士称号の）経済学部、商学部が代表的なもの。しかし現代では、さらに専門的に掘り下げたものに、大学院の（修士称号の）経営学部がある。俗に言う、ＭＢＡ（Master of Business Administration）と呼ばれる修士課程で、今や国際的に活躍する企業にはこの修士号を持った人が多い。

彼らが特に力を入れて勉強する内容は、一口で言うなら、「徹底的に分析されたデータ（情報）に基づく経営手法の在り方を追求する」である。

具体的には、例えば、Ａ商品を扱う既存企業が存続できるかどうかは、Ａ商品の買い手であるお客さん、Ａ商品を扱う新規参入者の出現、また、Ａ商品の代替品Ｂを扱う企業の出現の有無……。これら業者間での商品品質、価格、宣伝などの競争結果で決まる。

つまり、自分（企業）の反対側に立つ相手側の動向を熟知しなければ、自分（企業）は存続できない、ということです。よって、

経営者・企業家は自分の反対側を見て行動をせよ！

◆コーヒーブレイク

ＭＢＡ履修科目

ＭＢＡ (Master of Business Administration)、俗にいうビジネススクール(南山大学院の例) **ではどんな科目を勉強するのか**、ご参考までに。

会計基礎、数理基礎、会計と経営、ファイナンス基礎、組織行動、マーケティング基礎、金融システム、経営倫理、国際会計、財務会計、内部監査、外部監査、税務会計、管理会計、会計実務、会計法務、国際投資、金融工学、経営戦略、技術経営、消費者行動、競争・協調、商業と流通、国際経営、資源と環境、統計学、ビジネス数理、企業と法の経済学、環境の経済評価、国際経営の実践、組織イノベーション、国際経営の実践、モノづくり企業の経営戦略、会計とファイナンス、組織とメンタルヘルス、人事アセスメント、イスラム諸国の企業経営、アジアの人的資源管理、組織と人事の経済学、海外から見る日本的経営、国際マーケティング、JIT生産システム、ITとネットワーク論、職務満足とパフォーマンス、応用コーポレート・ファイナンス、リスク・マネジメント、日本的労使関係、デシジョン・サイエンス、オペレーションズ・リサーチ、オペレーションズ・マネジメント、マーケティング・リサーチ、ブランド・マネジメント、コーポレート・コミュニケーション広告、Ｃｏｒｐ、コミュニケーション、広報・ＩＲ、トランスポーテーション・マネジメント、プロジェクト研究、産官学連携プロジェクト、ラーニングと知識創造、ロジスチックス、ＩＳＯ／１４００１とマネジメント、環境報告書分析、ビジネス中国語、トランスポーテーション・マネジメント、ビジネス英語、英語ビジネス・ディスカッション&プレゼンテーション、卒業用課題研究

（2年間で右記科目より、必須科目含め約30科目を履修し、合格しなければならない）

その二　自分自身の行動…人の振り見て、わが振り直せ

他人の失敗は自分の成功より重要だ

自分自身が物事を判断するとき、ややもすると主観的になりがちである。客観的に物事を見る冷静さが求められる。

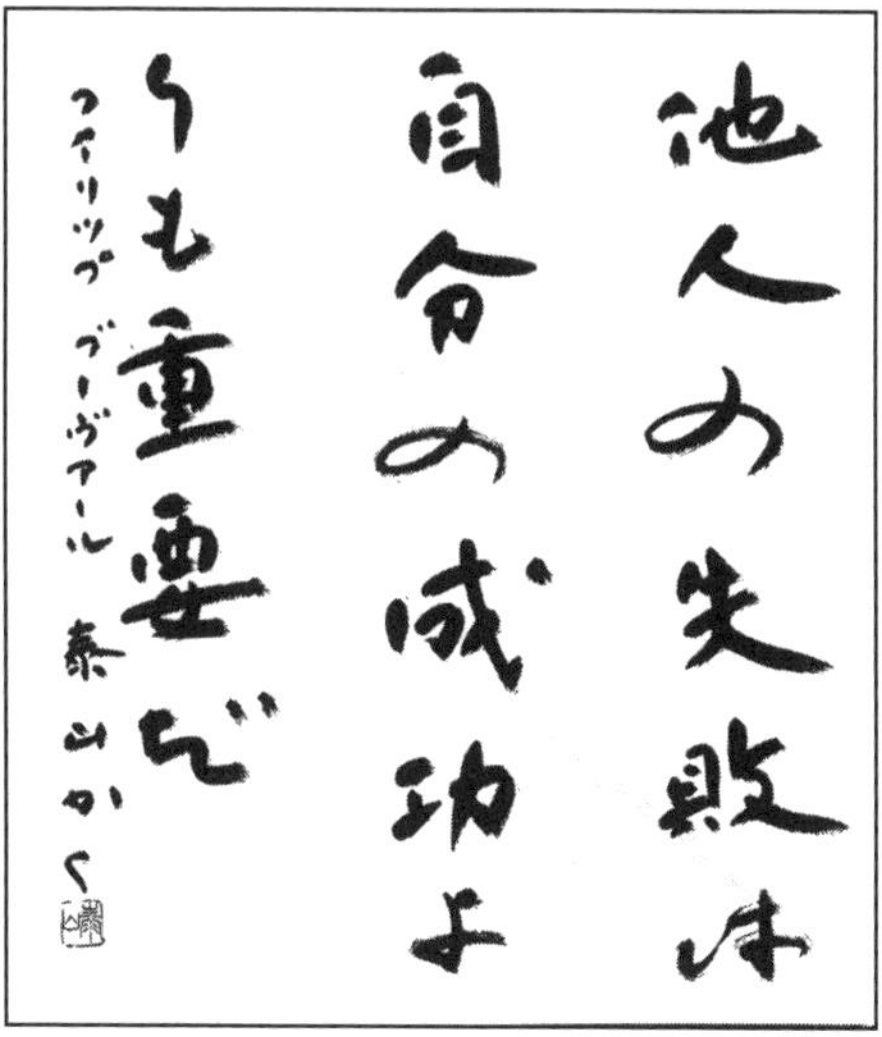

泰山かく

◆コーヒーブレイク

反対側からの景色も時と場合によりけり

世界一ジョークの好きな国民は文句なしにユダヤ人である。自宅に呼ばれたりしたら大変である。食後はジョーク話で最低一時間は付き合わされる。ある時、私が「反対側の景色は美しい」の話をした。間髪入れずに、彼から、「あなたの話はとてもユニークで面白い」。お礼にと、「反対側からの景色の話」をしてくれた。

家内が街を歩いていたら、知り合いに会った。「こんにちは、奥さん！　ところでお嬢さんはいかがですか？」「ええ、ありがとう。とっても元気ですわ。それにとっても幸福そうなの。とても良い旦那さんに恵まれて、娘は正午まで寝て、ベッドで朝食を食べ、それから美容院に行って、しゃれたデパートに買い物に行き、それからカクテル・パーティに出かけます。まるで、ハリウッドの女優のような生活をしていますのよ」「それは大変結構ですね」

「息子さんはいかがですか？」「それが坊やだけは運が悪くて、大体あの嫁ときたら、チクチョウ！　昼過ぎまで寝てやがって、寝床の中で朝食を食い散らし、全く家事もせずに美容院へ飛んで行き、その足でのデパート巡りで散々の無駄使いをする。それから家へ帰って、晩御飯の支度でもするのかと思えば、全然しないで、カクテル・パーティへ行き、まるでふしだらなハリウッド女優のような生活をしている。まあ、なんて息子は可哀そうなんでしょう！」

その三　囲碁・将棋などの勝負事

岡目八目

岡目八目、という言葉がある。これは囲碁から出た言葉で、「局外より他人の囲碁を見れば、自分が対局するときより八目のハンディキャップをもらったぐらい有利、つまり、角度の違う、しかもちょっと高い岡から観察すると別の景色が見え、的確判断ができるという意味。ある物事の是非得失を判断するときには、第三者的、客観性判断は有力である、のたとえになっている。

敵の心になり手を考えよ、敵の傷を利用せよ、敵の急所は自分の急所、敵の注文に応ずるのは拙なり

人間すべからく他人のことを思い、隣人を愛すべし、といった博愛精神を説くものではない。自分が打ちたいところは、相手が嫌がるところでもある。相手が嫌がる手は勝負の要でもある、の意。

囲碁・将棋では、対局中に自分側から見る局面の景色と相手側から見る局面の景色はずいぶん違う。そのため、棋士たちの多くは、対局途中にトイレから席に戻るときに、相手側の対局者の頭上から自分の景色を眺めることが良くある。しかし、それが礼儀上かなわぬ時は、記録係のつける棋譜を手元に取り、自分から反対側からの局面を見るのである。その時、これが、今自分が打っている局面か？と疑うほど景色が異なるときもある。

侮《あなど》るな、反対側からの景色を！

◆コーヒーブレイク

～不思議な勝ち方はあるが、不思議な負け方はない～

○アリストテレスも言う、「失敗する方法はいくらでもある。しかし、成功する道はたった一つしかない」。

○「勝ち碁を勝ち切るむずかしさ」の大方は自分の心の中にある。

よし、勝った！　と思った瞬間が一番危険。

○勝つと思うな、思えば負けよ、と美空ひばりも歌った。

○一番の危険は「安全地帯の中」にある。

○自信過剰は「過ぎるは及ばざるがごとし」。
○上手の手から水が漏る。
○勝って兜の緒を締めよ。
後悔先に立たず、です。敗因は自分にありて、相手にあらず！
敗因は、「何故を5回追求」すれば必ず判明する。
不思議な勝ち方はあるが、不思議な負け方はない

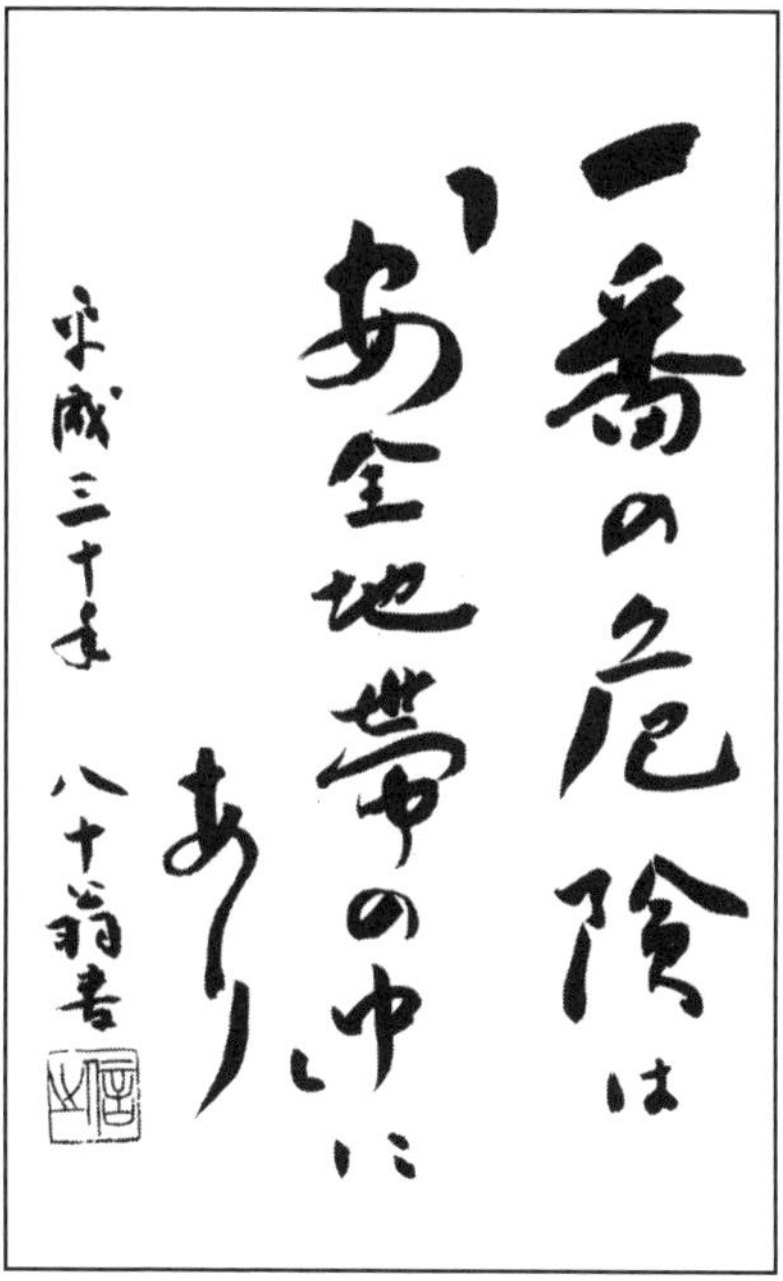
一番の危険は
安全地帯の中に
あり
平成三十年
八十翁書
八十翁書

その四　ゴルフ：グリーン上のライン読み

ゴルフ・グリーンのラインはピンの反対側から読め

～グリーンへは、ボールとピンを結ぶラインの反対側から上がれ～

パットは金なり：ゴルフでは、１ヤードのパットも、２００ヤードのショットも同じ一打である。したがって、グリーン上での１～２ヤードのパットは是非とも入れたいので、ボールとピンを結ぶラインを正確に読むことは大変重要である。そのラインは反対側からも読むとよい、往々にしてこちら自分側からと、反対側からの景色は違う、と気づくもの。

芝が順目でボールの転がりが早いか、逆目でボールの転がりが遅いか、グリーンの傾斜でボールは右へ曲がるか、左か、それとも真っ直ぐか、によって打ち方も随分異なる。その順目、逆目はグリーンの色で簡単にわかる。順目は白く、逆目は（陰のため）暗い色となる。ラインを打つ方向からと反対側から見ればその差は一目瞭然なり。従って、グリーンへは、ボールとピンを結ぶラインの反対側からグリーンに上がり、第1回のライン読みをする、それからボールをマークしながら自分の打つ側から2回目のラインを読む。そして、他の同伴競技者がプレーしている間に、自分の反対側から3

回目と自分側からの4回目のラインを読む。つごう4回のライン読みを終えているから、いざ「自分が打つパットは入らないはずがない」と自信をもってパットをする。

その五　株式投資の心構え

人の行く裏に道あり花の山

〜反対側に美しく、良きものある〜

株式投資に関する格言は多くある。

●人の行く裏に道あり花の山
●買いたい弱気、売りたい強気
●相場に器用貧乏
●当り屋に付け
●遠いものは避けよ
●備えあれば憂いなし
●売るべし　買うべし　休むべし
●株を買うより時を買え、漁師は潮を見るが如し
●もうはまだなり、まだはもうなり

●相場は明日もある
●疑わしきときは何もするな
●売りは早かれ買いは遅かれ
●売り買いは腹八分

これらの中で、もっとも有名な言葉が「人の行く裏に道あり花の山」。

投資家は、とかく群集心理で動きがち、いわば付和雷同である。それでは大きな成功は得られない。むしろ他人とは反対のことをやった方が、うまくいく場合が多いということです。しかし、戦略としてこの考えを採用したとしても、成功するという保証は全くない。この戦法は有力な手法であるかもしれない、という観点から情報分析して、リスクも含め決断をしなければならないが、戦略として考慮する価値はあるという有名な表現の一つです。これらはいずれも投資家心理を表現したものですが、類似したものに次のようなものがあります。

「友なき方へ行くべし」

「相場師は孤独を愛す」

また、ニューヨーク・ウォール街にも「**人が売る時に買い、人が買う時に売れ**」「**株というものは高い時には最上に、安い時には最低に見えるものだ**」などがある。

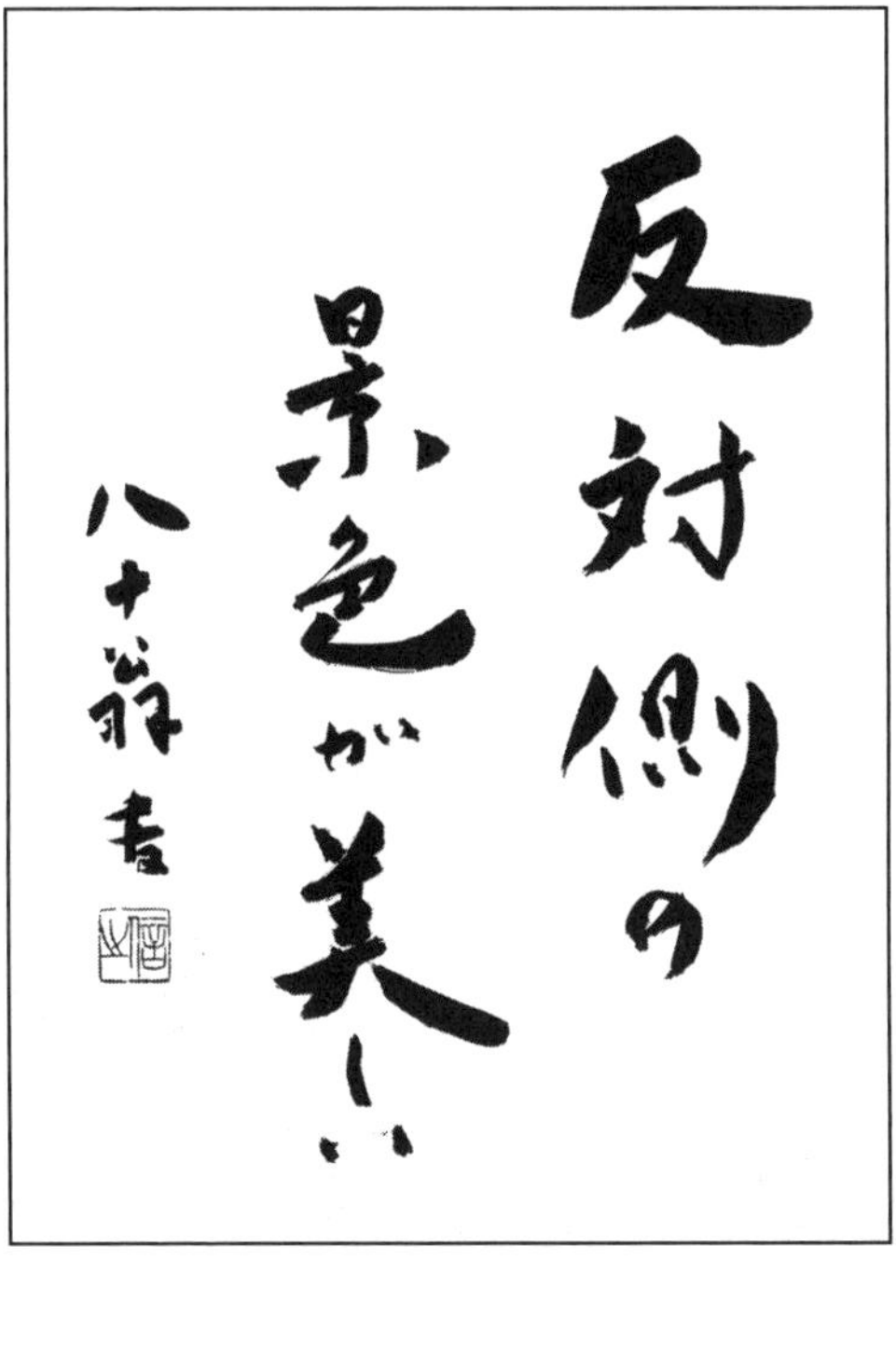

八十翁書

第四章　現代中国からは何を学ぶか？

〜古代中国から大いに学んだ日本〜

その一　現代中国の問題点「都合の悪いことはもみ消す体質」

～言論の自由の束縛、人権軽視～

まだ記憶に新しい２０１１年７月23日の温州市鉄道衝突・脱線事故がある。その内容は、追突した列車の乗客数は５５８名、死者40名、負傷者１９２名。追突車の先頭４両と追突された列車の15両目及び16両目が脱線、追突車の先頭４両は20数メートルの高架から落下し、第４号車は高架脇から垂直に宙づりになった。

報道によれば、先行していた列車が落雷により停電し、電気系統故障のため動力を失って停車していた。そこへ後続の列車が追突したということになっている事故であった。問題はその事故の原因究明と事故処理方法にあった。

事故原因はいまだに明らかにされていない。落雷により運行不能になったことになっているが、実はそうではないという。本来追突した側の列車が先行することになっていたが逆転していることから、司令部から先行車は「車両走行の停止」を命じられたので停止していた、と運転手は証言した。すなわち、列車運行の制御システムに重大ミスがあったと指摘されているが、その後今日までには世間が納得する解明はされていない。

さらに不可解なことは事故後の処理にある。事故発生から数日後、中国政府は事故の犠牲者に当時では破格の賠償金を払う決定をして事故を鎮静化しようとした。犠牲者一人の遺族に対し50万元を支払うという内容であった。

また、中国中央テレビは、政府は賠償手続きに合意すれば「数万元の奨励金の追加」も行うと発表し、一部の人はすでに賠償金を受け取った、と報道した。50万元は中国の都市部市民の平均年収の2・5倍に相当する金額であった。その金額が高い、否、安いとインターネット上でも騒がれた。

犠牲者への賠償金額の是非問答以上に複雑怪奇にさせたのは、事故にあった一部列車が、事件後4日目に事故現場の高架下に埋められ、残りの車両は中国鉄路の車両基地に搬送されたことであった。しかし、鉄道省の事故原因の報告以降、事故原因の究明は一切されていない。埋め立て作業開始となる生存者捜索打ち切り時に救助隊員一人が反対し、一人で捜索を行い、事故から20時間後に2歳の女の子が救出されたと報じられたため、「埋め立ては早過ぎる」「ほかに生存者がいるのでは」と各方面から批判の声が寄せられたが、結局は捜索は打ち切られ、埋め立て作業に入り、終了した。

インターネットを通じ、世界中に広がったこのニュースに対しさすがに政府も動いた。事故後5日目の28日、温家宝国務院総理が自ら事故現場を視察し、また病院で負傷者を見舞った。「断固とした事故原因の究明」を、さらに、「安全こそが第一に優先される」と安全問題に取り組むことを約束した。しかし、その後は「梨のつぶて」のまま。これが現在の中国の常識である。

「中国の常識は世界の非常識」に該当する事件、事例を挙げるのは、この本の目的ではないので、それらに関した出版本の一部を挙げておく。

『NHK特派員は見た　中国仰天ボツネタ&㊙ネタ』加藤青延著、日本僑報社

『進化できない中国人』金文学著、祥伝社

『中国人による中国人大批判』金文学著、祥伝社

中国経済大問題点の一つ「知的財産権」への軽視

2017年の国際出願制度（PCT）*出願件数は、24万3500件あり、そのうち中国は4万9000件で日本の4万8000件を追い抜き、5万7000件の米国に次いで第二位に躍り出た。　＊PCT出願とは、特許協力条約（Patent Cooperation Treaty）に基づく国際出願。

しかし、2010~2018年の中国裁判所における特許審判、訴訟件数、すなわち、取り消し手続き、無効審判、訴訟、異議申し立て、侵害訴訟では、他国に例を見ないほど多い件数に及んでいる。要するに、世界各国が中国特許に異議を唱えている

ことを物語っている。【出典：ラクオリア創薬（株）知的財産部】

これらの「中国の常識は世界の非常識」について、中国政府は嫌というほど承知、認識しているに違いない。しかし、何せこの20〜30年という短期間に急成長を遂げた中国のひずみと考えるべきである。

だからこそ次に述べる、習近平による「中国新スローガン」がにわかに発表され、国民に奮起を促しているのである。

民、信なくば立たず

この言葉は、政治家が好んで使う言葉である。中国の列車事故にぴったりである。しかし、他人ごとではない、最近の日本にも当てはまる。「国民に信用されなければ、政治は成り立たない」、の意。

日本では、２０１７〜２０１８年、特に国会をにぎわしたのは、森友学園と加計学園問題であった。政治家、官僚の答弁は実に奇々怪々であった。国民から信頼を得る内容からは程遠かった。ＮＨＫの調査によれば、80％の国民が政治家などの国会答弁にあきれている。民間企業ではありえないことである。

民無信不立（民、信なければ立たず）「国民から信頼を得ることができない政治は成り立ちませんよ」という名言、格言にズバリ当てはまる事件である。さて、次回の選挙でどうなりますか？　今度は日本国民・あなたの良識が問われる番です。あの国会茶番劇のことは記憶にありません、とならないように。また、あなたは官僚が繰り返し国会で述べた「訴追される恐れがあるから」とは全く関係がありませんから！皆さんの清き一票を期待します。

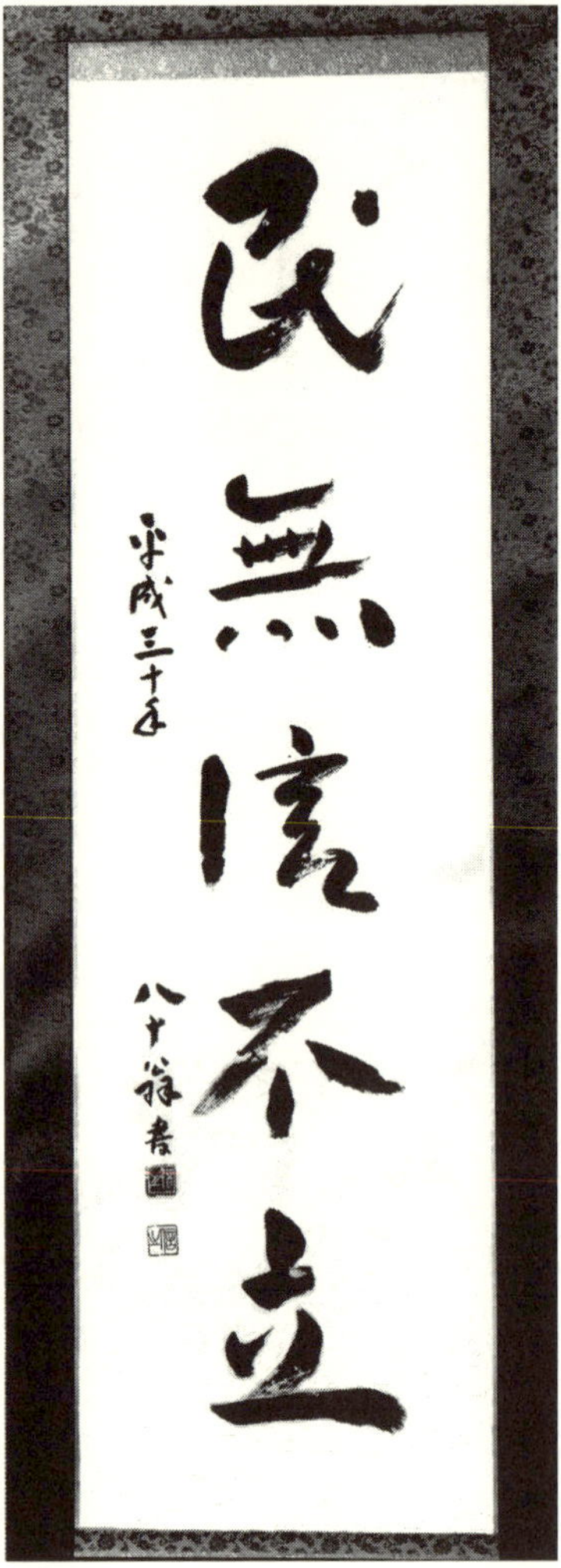

八十翁書

その二　中国新スローガン「社会主義核心価値観」の意味すること

習近平時代を迎え、中国が動き出した。一昨年あたりから、街角や見渡しの良い場所に日本では見られないほど大きな宣伝用看板が立ち始めた。

国家の建設目標「富強、民主、文明、和諧（調和）」

社会の構想理念「自由、平等、公正、法治」

国民の道徳規範「愛国、敬業、誠信、友善」

さて、表にある24文字、どこかで見たことがあるものばかりではありませんか？

先ずは、中国の古き書物にみられる文言を見てみます。

○富貴なれば他人も合し、卑賤なれば親戚も離る

富貴になれば、他人も寄ってくるが、卑賤になれば親戚も離れる。

○和して同ぜず

君子は人と和合はするが、雷同はしない。

○敬を以って孝するは易く、愛を以って孝するは難し

敬と愛とは、親孝行の要素として考えられているが、そのうち敬をもってする孝行はまだやさしく、本当の愛をもっての孝行はむずかしい、の意。

○愛すべきは君にあらずや、恐るべきは民にあらずや

人民はその主である君を愛さねばならない。君はその人民を畏れつつしまなければならない。

○愛して敬せざるは、之を獣蓄《じゅうちく》するなり

如何に賢者を愛したとしても、敬《うやま》いの心が伴わなければ、犬猫を飼っているのも同然だ。

○君子は義以って質となし、礼以ってこれを行い、孫以ってこれを出し、信以ってこれを成す

君子の本質は義理である。正しい義理を根本とし、その義を行うに当たっては、尊卑親疎を考えて礼を忘れず、遜虚な態度で口に出し、始終偽りのない信を貫いて成し遂げる。これが真の君子である。

○善人をあげて、不善人遠ざかる

兎曰く、「よい人間を取り立てたら、自然と悪い人間は遠ざかった」

○善に従うこと流るるが如し

善には、あたかも水が自然に流れるように従うがよい。

○礼は身の幹なり、敬は身の基なり

礼は身の背骨のようなもので、人の世に立つゆえんのものであり、敬は人間の行動の基本となるものである。

○義以って宝となす

楚の国にはとりわけ宝物はない、もしあるとすれば善人が多くいることだ。

以上、改めて中国古書より10の名言を拾ってみたが、社会の構想理念関連の「自由、平等、公正、法治」8文字以外の16文字は、中国人が2000年間温めてきたおなじみの文化言葉であることがわかる。それらの言葉は、中国人にしみこんでいるはずだから、今さら取り上げるのは実におかしなことである。しかし、実は1949年共産主義社会体制に代わって以降は、かつての道徳観念とは程遠い、文化否定の時代が続いたことを、トップは後悔しているに違いない。

わざわざ世界に誇る文化、名言をここで改めて国民に訴えているのは、現代中国人には欠如していることを気にしているに違いない。

このことから、歴史的権力を手にした習近平主席が近代中国を目指すためにこのスローガンを掲げた意図が読める。

すなわち、第一に、2000年の歴史に培われた人間性や文化をもう一度呼び起こすよう国民に呼びかけている点。

第二に、世界の先進諸国に比して、現在中国が最も遅れている民主、自由、平等に関する人権問題を解決し法治国家を目指すために頑張ろう、と国民に訴えている点、である。

その三　物事・表現は反対側を読み取ろう

～習近平の新スローガンの意図～

（1）右手の中に見えない物が、左手の中に見える！

マジシャンは右手で鮮やかに物を出したり、消したりする。いくら目を皿にして見ても種明かしにつながらない。ところが動かしていない左手の中に種がある。即ち、左手の中にスローガンの意味するものがある、と確信する。

（2）右手の法則、左手の原理

～虚像と実像～

この言葉は、歴史を学ぶ上で参考になる心構えで「右手で起こっている現象のみに惑わされず、左手を見て、バランスよく判断せよ」という意味。歴史記実は必ずしも真実ではない、すなわち、時の権力者の独断と偏見が往々にして見える部分があるから、よく吟味する必要がある、と説く言葉といえよう。

日本の歴史上もっとも有名な人物に聖徳太子がいる。西暦574〜622年、用明天皇の第二皇子。叔母に当たる推古天皇の摂政として国内、国外の政治に力を尽くした。さらに、日本最古の憲法17条を制定し、法隆寺を創建するなど、お釈迦様の再来のような人物として子々孫々に伝えられている。日本のキリストのような聖なる存在ともいえよう。

我々が尊敬してやまない聖人君子として敬われているが、その実像はほとんど知られていない、否、知ろうとせず、ますます偶像化していく。聖徳太子は三人の妃を同時に愛し、しかも当時の男性は皆女性のもとに通う、俗にいう「通い夫」が通例であったが、彼だけは、斑鳩《いかるが》、すなわち太子宮殿を持ち、三人の妃とその子供たち14人と一緒に住んだ。

彼は戦争をも嫌い、また10人の訴えを同時に裁く等ますます聖人化して伝えられている。しかし、現実としては、聖徳太子のように「虚像と実像のギャップ」があるのが歴史記実である。時の権力者の本当の実態はどうか、をしっかり判断しなければいけない、之れ、言葉「右手の法則、左手の原理」の所以である。

（3）ジョン・フレミングの左手の法則、右手の法則

電動機の回転方向を知るための左手の法則、電動機の起動力を知るための右手の法則。すなわち、磁場内を運動する動体内に発生する起動力（電磁誘導）の向きを示す法則理論を言うのだそうだ。先例とは、似て非なるものである。

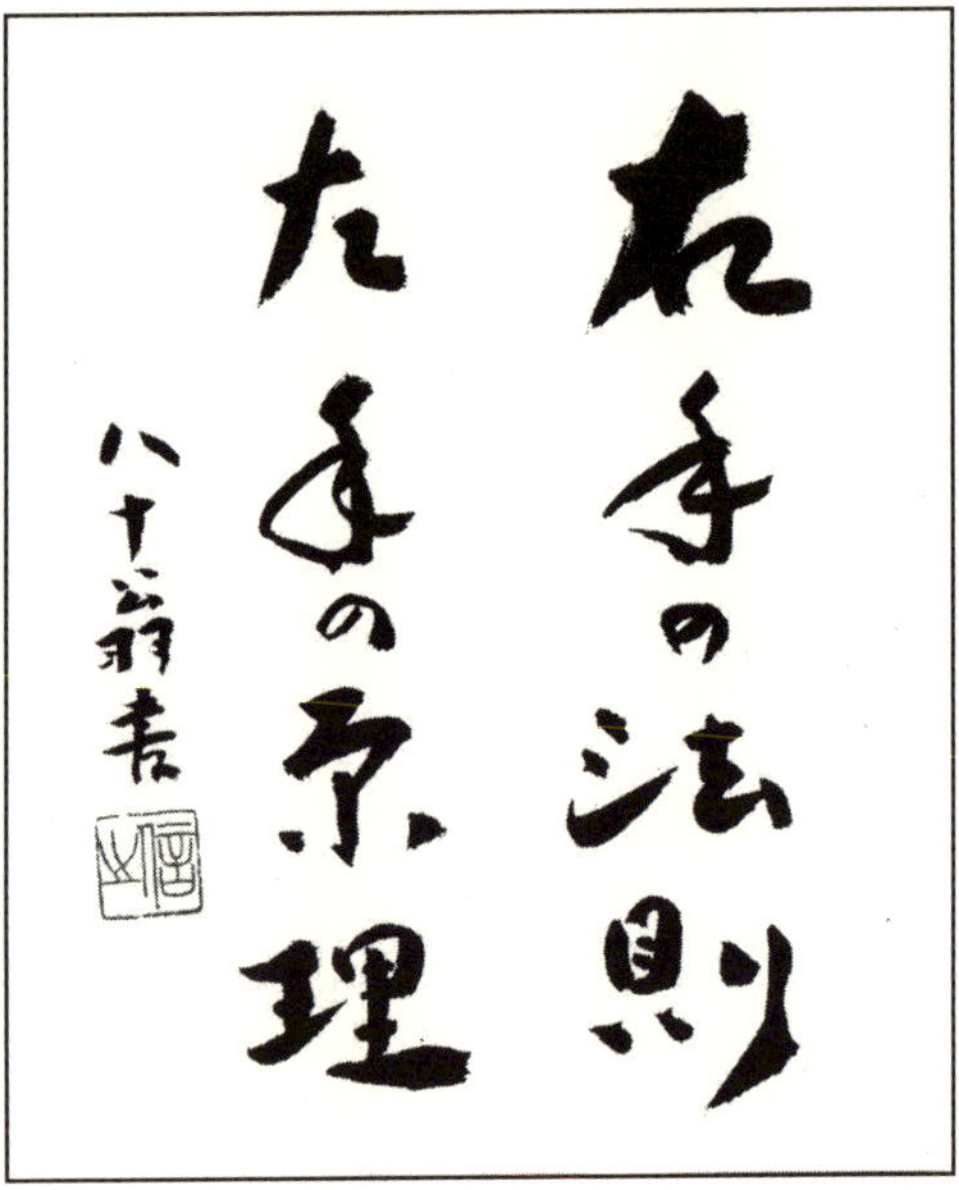

八十翁書

その四　文化はその国の財産であり、民力の水準である

～中国の文化大革命は、歴史的汚点～

文化なき国の発展はありえない。

毛沢東による中国の文化大革命は、中国に歴史的汚点を残した取り返しのつかない大失政であった。中国文化大革命は１９６５年から約10年間における中国内政治権力闘争であった。毛沢東指導の下に展開されたプロレタリア革命ともいわれる。期間中に人民数千万人が殺害されたり、寺院や遺跡などの歴史的建造物、古文書も少年、少女からなる紅衛兵によってことごとく破壊されたりした。孔子、孟子、司馬遷ら文化人の人権ははく奪され、彼らの関係子孫、親族も迫害の対象になったため、名前を変えて移住したり、ひっそりと田舎に住んだりした関係者らの証言もある。中国共産党の大失政であった。

しかし、これら一連の毛沢東による文化大革命運動に猛省した鄧小平がこの運動に加担した４人組退治を敢行した。それらが終わってからは、徐々に人権はく奪された文化人の名誉も回復され、中国内に「文化」が見直されつつある。

その五　中国文化に復調の兆し「司馬遷史記博物館」オープン

〜世界最大の歴史書の作者・司馬遷を顕彰する、唯一世界最高の文化施設を目指す〜

２００５年９月、司馬遷史記博物館建設に関する非営利民間組織が立ち上げられた。陝西省文物局認可、民政庁により承認登記された組織である。その時期をきっかけに、日本側へ協力依頼があった。以来約10年間、日本側の協力は中国側の期待を大きく上回るもの、と高く評価されている。

２０１６年５月２日、中国西安から２５０キロ離れた、司馬遷の生まれ故郷の韓城市に「司馬遷・史記博物館」が仮オープンした。

式典には市長、館長、司馬遷親族はじめ多くの関係者、来賓はもとより、日本、史記収集寄贈促進会代表の吉岡和夫氏はじめ９人の日本人が参列した。泰忠明館長は挨拶で「この博物館は吉岡さんら日本側の協力があってこそオープンすることができた。特に現在の中国にはない貴重な史記書物が日本より寄贈されたのには感動した。それらを目の当たりにした日、特に大量に送られてきた日の晩には同志が集い、祝杯を挙げた」と。

吉岡氏は名古屋在住の約１００人の協力のもとに、10年近くかけて日本中の本屋から、古くは平安時代に始まり、江戸時代以来の史記に関する古書を収集して寄贈した。

館内には、漢学者であり、書道家の吉岡氏直筆の「史記にある数々の名言」の掛け軸や額も飾られている。また、10年間に日本・中国を往来した要人らの写真、開館に至るまでの新聞記事、協力した日本人らの写真も展示されている。なお、今回オープンしたのは韓城市北部の3階建てビルの仮館舎であるが、市としては、10年以内に本格的民営博物館を目指す意向と聞く。

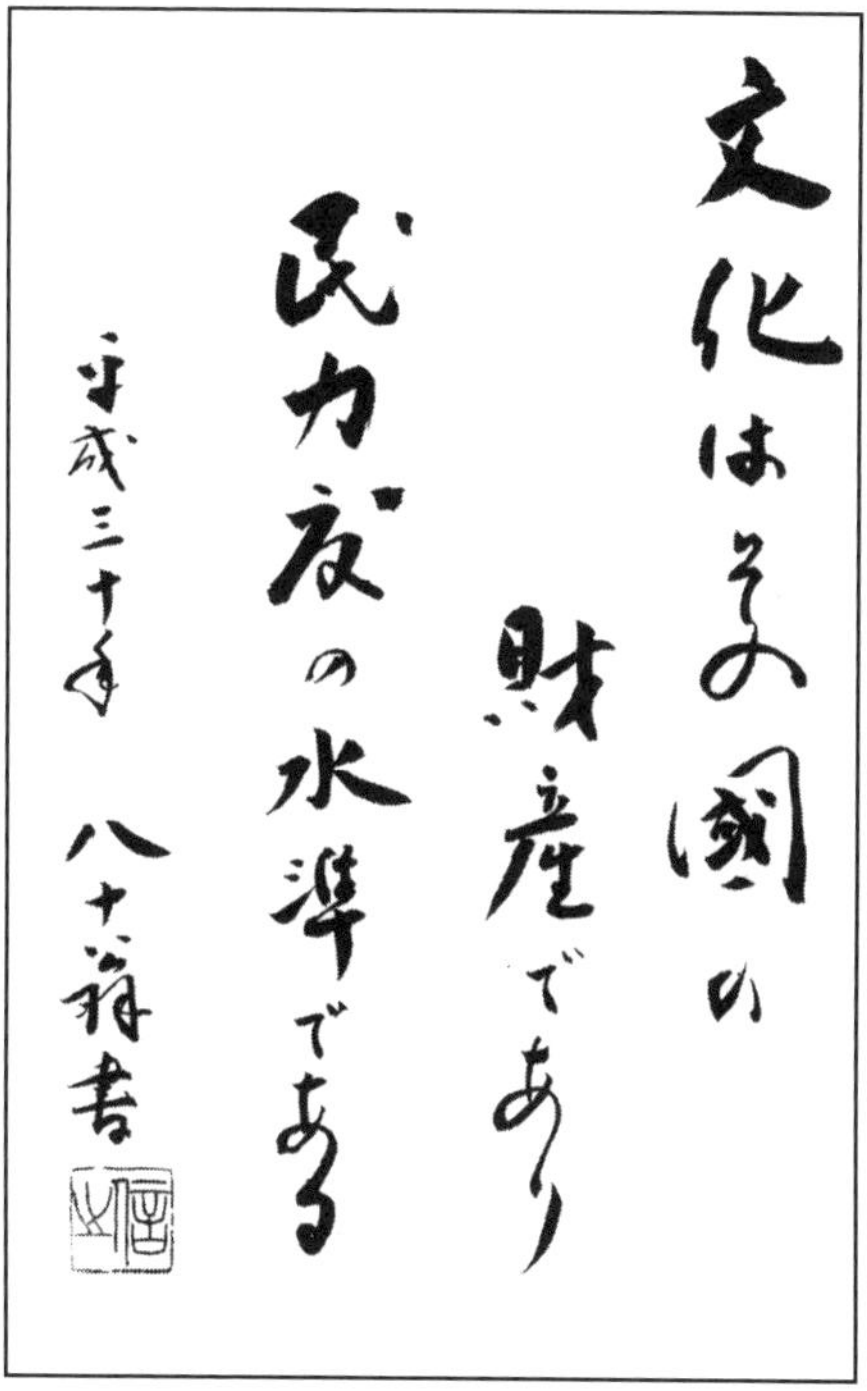

八十翁書

八十翁書

第五章　趣味の楽しみを味わおう

～挑戦～

八十翁書

伝統ある日本文化を楽しもう

（1）俳句、短歌、絵画や書道を楽しもう

日本固有の文化である俳句、短歌は、全国各地で多くの人が楽しみ、最近では外国人までもが興味を持ち、かなり普及しはじめている。グループでの勉強会、講師による講座、発表大会など人気は高まっている。それに伴い、関連雑誌への投稿、入選者の表彰、講評などもあり、愛好家たちのレベルは確実に上がっていく。それに比例してますます関心の度合いが増し、さらなる喜び、励みにつながっている、大変良いことだ。絵画といっても広い。ちょっとした旅先でのスケッチ、水墨画、油絵、最近はやりのアクリル画、さまざまで楽しい。やはり自分の作品として部屋に飾れるレベルを目標にしたい。

中国では、書道は当然だが、漢詩の普及がすごい。中でも五言律詩、七言律詩は5・7・5の俳句、5・7・5・7・7の和歌に共通するため日本でも人気がある。中国での書道は昔ほどではないが、上手な人が多いのには驚かされる。標準体の楷書、行書、草書のほか日本ではなじみが薄い篆書《てんしょ》、さらにそれを崩した隷書《れいしょ》も幅広く楽しまれている。気が付いている日本人は少ないだろうが、日本の本格的印鑑の文字は隷書で彫られている。

ここにおなじみの漢詩「虞美人草」の「虞美人草」を隷書で書かれたものを紹介する、書家・吉岡泰山書。

漢詩「虞美人草」は、中国秦末の武将項羽が寵愛した愛人「虞美人」を詠んだ漢詩。天下統一の野望を持った項羽はもともと万人を相手とする兵法を学んだ武将であったが、寵姫《ちょうき》・虞美人を「虞や、虞や、汝を如何にせん」と虞美人との別れをくよくよ悲しんだという。殉死した項羽の後を追って自害した「虞美人」を憐れんで曽鞏《そうきょう》（１０１９～１０８３年）が七言古詩の漢詩「虞美人草」を詠んだ。

虞美人の墓周辺にしばらくしたら大いなる草が生え出した。それらの草は「虞美人草」、日本名はヒナゲシ、と呼ばれている。

（2）漢字の起源

19世紀末、中国河南省安陽県で、亀の甲ら（亀甲）や動物の骨（獣骨）に鋭い刃物で刻み付けた文字が見つかった。これを「甲骨文字」と名付けた。安陽県は、紀元前13～11世紀、２８０年間、殷の都の地であった。

３０００年前、中国最古の文字である「甲骨文字」に次いで古いのは殷や周時代の青銅器に刻まれた銘文の文字で「金文」と呼ばれている。

漢字の造字法は、象形文字、指事文字、会意文字、形声文字、転注文字、仮借文字とあるが、象形文字が最も原初的文字だから「文」、指事文字、会意文字、形声文字は原初的文字を組み合わせて作られたものだから、いわゆる「字」に属する。よって、通称「文字」と呼ぶという。

その後、幾多の変遷があるが、紀元前3世紀、秦の始皇帝が初めて全国を統一して、群県を置き、支配を強めた。そして、従来の多様化した文字歴史を整理した。よって、「篆書《てんしょ》」、「隷書《れいしょ》」、「楷書《かいしょ》」、「草書《そうしょ》」となり、楷書をやや崩した「行書《ぎょうしょ》」の出現となった。

泰山かく

◆コーヒーブレイク

歴史あるところに必ず感銘あり、感銘あるところに、必ず名言あり

重みある囲碁の歴史…

囲碁の源流は紀元前、三国志の時代にさかのぼります。

孫策と呂範の対局の棋譜が存在しています。孫策は呉の王になった孫権の兄で、三国志の英雄の一人である孫権は曹操、劉備ほど派手ではなく「守成の名君」と言われています。長生きをしていれば呉王になる人だった孫策は囲碁が好きで、部下の呂範と対局した現存する世界最古の棋譜を残していることで有名です。紀元200年に呂範は暗殺され、弟孫権が後を継ぐ。208年に劉備と同盟、209年には曹操と結んで関羽を殺害、おなじみの三国志物語です。

このように囲碁は中国に発し、韓国、日本に伝わり、今や世界100カ国以上で愛されています。

囲碁は19路×19路という将棋より広い盤上でのゲームですから、とっつきにくいのが難点ですが、実に奥行きの深いゲームといえます。1局が200手に及ぶ長期戦になることもあります。それゆえ、序盤、中盤、終盤と戦略が必要です。同時に白石と

黒石での陣地の取り合いであり、また、壮烈な殺し合いのゲームですから、戦術も求められます。すなわち、大所、高所からの見地と目的達成の手法、特有技法、戦術が必要であります。まさに会社経営の手法と同じといっても過言ではありません。三国志以来の歴史があることから、囲碁は兵法にも通ずるといわれています。昭和63年に住友生命が非売品としてまとめた「孫子と経営～ビジネスに生かす孫子兵法～」と題する本が人気を博しましたが、囲碁の戦略、戦術がいかに経営に通じているかを証明しています。

「囲碁は忍なり」を意識するだけで上達する

〜島村俊廣九段の座右の銘は「忍」〜

島村俊廣九段先生は、日本棋院中部総本部に所属した大御所で、座右の銘が「忍」、現役時代は「いぶし銀の島村」と呼ばれた。多くの人が質問する、「忍の精神で、どうして勝負に勝てるのですか?」と。先生答えて、曰く「忍という字をよく見てください。〃心の上に刃〃があります。好機到来のタイミングを見計らって相手を「刃」で切りつける鋭さ、チャンスを狙っているのです」

○成功の半分は忍耐だ

○石の上にも三年

石の上にも三年とは、冷たい石でも三年間座り続ければ暖まることから転じて、つらくても辛抱して続ければ、いつかは成し遂げられる。即ち、何事にも忍耐強さが大切だ、ということ。

○後手の先手（実は、忍の手）

碁は、上手の着手について行くだけではいけない。機を見て先手を取り、他所に先行することが重要である、という教えを忠実に守り、先手、先手とお題目を唱えながら先を急ぐ人がいる。その結果、相手に大きな手を残したり、逆に自軍に大きな欠陥を抱えてしまったりすることに気が付かない。こうしたことがえてして、後に致命傷につながる。先手を得たいがためにした手抜きにヨリが戻り、後から2手も3手も費やさなければならなくなる。今は後手であっても、1手をかけることで憂いを除き、後を存分に打つことにつながる。初期段階の病なら、1度（手）の手当てで済むことは少なくない。「後の先」ともいう。これ即ち、忍なり。

○毎局三思せよ、毎局三思して打つべし、毎手次の手を考えて打て、手拍子に打つなかれ

「三思」とは熟慮の意味である。3回考えることではない。1手ごとに熟慮せよ、ではなく、急所ではしっかり考えなさいの意味である。

○一目千手（ひとめ1000手）

石田芳夫九段が七段のころ第26期（昭和46年）〜第50期（昭和50年）連続五年本因坊タイトルを取ったとき、「あなたは急所ではなん手ぐらい先を読む（考える）のですか?」と記者から尋ねられた。「一目千手です」と答えた。

例えば、第1案「自分はここへ打つ、すれば相手はここへ打つだろう、さればは自分はこう打つ、すれば相手は……と、50手ほど先まで読む」

では第2案「ここへ自分が打つ、では相手はここへ打つ、されば自分はここへ打つ、

次に相手は……と、50手ほど先まで読む」
では第3案、第4案……。第20案までそれぞれ50手を読む。
20通りの案をそれぞれ50手読む、よって「一目千手」なり。
○2子にして捨てよ、利かし済みの石は惜しむな
（捨石を打つことができれば一歩も二歩も前進できる）

ケースによっては1子ではなく2子にして捨てたほうがいい。また、すでに利かした石、用済みの石にはこだわるな。ギブ・アンド・テイクの考えで、「捨て石を打つことができる」のは高段者の域である。投資に必用経費は付き物の意。
○敵の心になり手を考えよ
○敵の傷を利用せよ
○敵の急所は自分の急所
○敵の注文に応ずるのは拙なり
○稽古は本場所の如く、本場所は稽古の如く
これは先に述べた双葉山（Ｐ117）の言葉であるが、何事も気持ちの大切さを語っている。

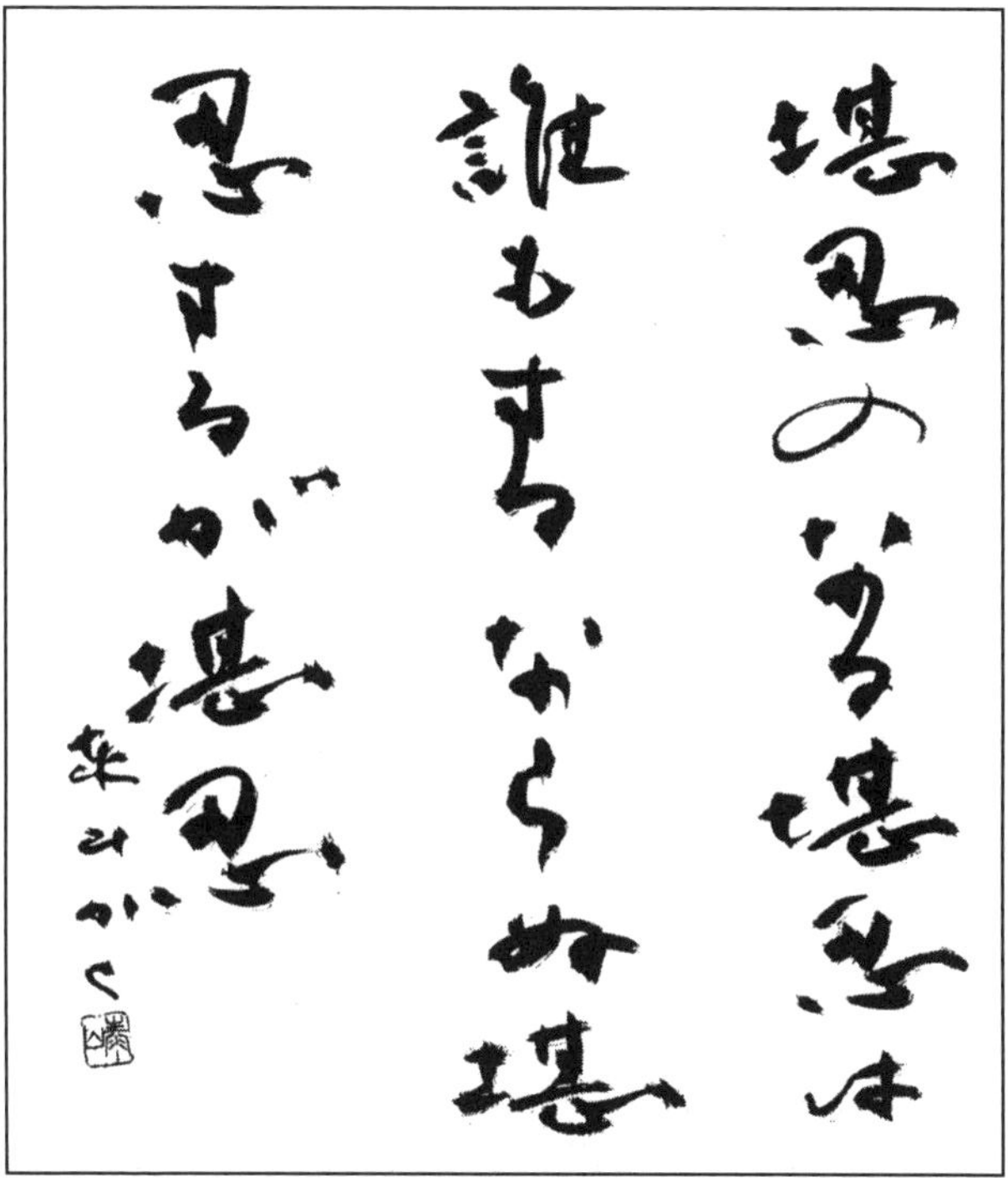

泰山かく

ゴルフは意識革命で上達する

～ラウンド前の準備・ラウンド中の心構え・ラウンド後の練習～

○ゴルフは前の日から始まっている

○ラウンド中は、なるべくカートに乗らず、コースマネジメント（攻略方法）を考えながら歩くこと！

○技術は簡単‥「基本の3点のみ」と心得よ

グリップ（クラブの握り方）

スタンス（立ち方と立ち位置）

フォロースルー（クラブを振り抜く）

○プレーは早く、下手な考え、休むに似たり

○素振り練習は絶大なる効果あり、と心得ろ！

○ラウンド後、たった10分の練習こそに効果が出る

その日のラウンド中にミスしたショット（1～2点）に絞った短時間の練習に意味がある。「よし、今ならあのミスショットは絶対しないぞ」と確信が持てるように練習をすること。その後に、お風呂、食事、ビールをごゆっくり。

八十翁書

八十翁書

テニスは「この一球哲学」の理解で上達する

この言葉を座右の銘としていたのはテニス界の大御所、福田雅之助（第1回全日本選手権大会優勝者）で、今やテニス界では「この一球哲学」ともいわれて、テニスファンに引き継がれている。テニス愛好家ならだれもが知っている言葉であり、また、心がけていること。

彼曰く「この一球は絶対無二の一球なり、されば心身を上げて一打すべし。この一球一打に技を磨き、体力を鍛え、精神力を養ふべきなり。この一打に今の自己を発揮すべし、これを庭球する心といふ」

この彼の表現は海外でも、'The effect of Hukuda's philosophy of tennis 'Kono Ikkyuu' on sportsmanship.' と高く評価されている。

○錦織圭の一球入魂

錦織圭選手は、2018年7月、英国・ウィンブルドン選手権2回戦でオーストラリアのバーナード・トミック選手とプレーした。第3セットの第10ゲーム、15対40と追い込まれ、トミックに2セットを先取されかねない窮地に追い込まれた。それをしのいで、3回戦に進んだ。試合後の彼のコメントで「サーブに細心の注意を払った。やっぱり一球入魂ですね」と告白した。錦織はじめ多くの選手の試合後のコメントは幾度も耳にしていたが、「一球入魂」という具体的な言葉は初めて聞いた。今回はベスト8入りを逃したが、得たものは大きかったに違いない。

テニス界に広く、深く福田雅之助の一球哲学の浸透を認識した瞬間であった。

○福田雅之助の5点哲学

1　スポーツマンシップ

2　コートマナー

3　フェアプレー精神

4　グッドルーザー＊

5　練習への取り組み方、以上の5点を極めよ、と説く

＊グッドルーザー（Good Loser）

毎年初夏に英国王室主催の競馬レース「ロイヤルアスコット」が開催されている。この時ばかりはイギリス貴婦人たちが「これでもか！」と特に帽子の派手さと華麗さを競う、競馬レースそっちのけのファッションレースはいつもマスコミの話題をさらっている。

ある年、エリザベス女王の持ち馬がわずかの差で優勝を逃した時、女王が騎士を「あなたはグッドルーザーである」とたたえた言葉である。負けっぷりのいい人、清く負けを認める人、負けても清い人、の意味。いまや欧米では、「敗者への慰めの言葉」としてよく使われている。

○「この一球哲学」の背景には、次の論語の一説から学んだ、

八十翁書

と福田氏は語っている。

夫子《ふうし》の道は忠恕《ちゅうじょ》のみ、である
人たるものの一貫した道とは、つまり思いやりのある道である

夫子：中国での男子、先生などの尊称
忠恕：真心を尽くし同情心の深いこと。正直で思いやりのあること。
一貫した道とは、忠恕、つまり仁道、という

なお、「夫子《ふうし》の道は忠恕《ちゅうじょ》のみ」は、孔子の「吾が道、一以って之を貫く」の表現にも通ずる。

ジム通いで、健康と和らぎを！～健全なる精神は、健全なる身体に宿る～

世の東西、男女を問わず、スポーツジムは大はやりである。しかし意外に長続きしない人が多いと聞く。当然、本人側に責任があるのだが、ジム側もゼロではないだろう。年を重ねると、かつては絶対に言わない、また言ってはならぬことを冗談まじりに言ってしまう。その一例が「自分は悪くない、悪いのはすべて相手だ」。人間とは実に勝手な動物である。日本中に数あるジムの内、大人気とそうでないジムに分かれ

よう。三日坊主の会員が出ないジムには納得できるそれなりの理由があるに違いない。私が通っているジム「ワールドウィング」の例ではあるが、練られた運営方針、客層別に向けられたプログラム、それを徹底させるインストラクターの存在、指導などがある。

用意されたプログラムは、一般向けの健康増進、シニア向けの健康維持、アスリート向けの競技力向上、（特に女性向けの）サイズダウン・ダイエット、リハビリを兼ねた機能改善……等であるが、特筆すべきはそれぞれのプログラムが人間工学的に分析された内容になっていることである。

運動の狙いは、体が部分的に区分・目標となり、その内容は、

股関節（こかんせつ・Hip Joint）

肩甲骨（けんこうこつ・Scapula）

骨盤（こつばん・Pelvis）

鎖骨（さこつ・Clavicle）

臀部（でんぶ・Gluteus）など

数ある機械の中より、自分の目的に応じた機械を選択することができ、また当然、組み合わせをする。有名人が、例えばイチローや山本昌も同じ機械を使用してトレー

ニングしていると聞けば、つい楽しくもなる。

各種の目的にかなった機械の仕様、効用も、研究所（ＢＭＬＴ Research Lab ～ World Wing Enterprise Co. LTD）にて人間工学的に分析されたものだから、安心して使用できる。ＢＭＬＴは、「Beginning Movement Load Training の略。すなわち、「初動負荷トレーニング」を意味し、決して無理のない、その人にあった使い方に徹するという考え方である。

ちなみに、機械、器具の効用期待として、次の項目らがそれぞれの機械裏面に表示されている。

○より柔軟で強い体力つくり
○しなやかな動きつくり
○速さと加速度の向上
○競技のパフォーマンスの改善
○運動機能障害の改善
○脳機能障害や麻痺の改善
○心肺機能の改善
○老化防止のサポート

八十翁書

ＡＩは誰からも教わっていないのに、なぜ強いか？

囲碁、将棋などは、人工頭脳・ＡＩ（Artificial Intelligence）に勝てない時代に入った。では、ＡＩは誰に教わったのか？

プロ棋士は対局、勉強会、自習などを経て上達する。大先輩たちの名局を並べながら侃々諤々《かんかんがくがく》と論議しながら、切磋琢磨する。ＡＩがその熱心なプロよりも強くなるのはなぜだろうか？

ＡＩはデータの分析により、自動的に答えを出すのみで誰からも教わっていない。

プロのプロ同士の生涯対局数は多くて2～3０００局。先輩たちの棋譜を熱心に並べる局数を含めても、せいぜい2～3万局と推定します。過去の名局を時間かけて、例えば1万局並べることはいかにプロといえども大変なことである。しかし、従来は、2～30年かけて2、3万局の棋譜を勉強会で互いに分析する、また自習するのが一般的な上達方法であります。

一方、ＡＩが棋譜を並べ、分析する局数は2～3０００万局です。人間の1～2０００倍です。その2～3０００万局の勝利につながる手を、局面ごとに統計を取り、「この場面では、この手が良いですよ」と集計結果を示すだけです。「そのよい手」が「従来の常識を覆す手」となるケースが多いことにプロたちが驚いて、すでにそれらの「従来よくない手」とされていた常識が見直されているのです。過去の常識の一部は非常識、ということです。

さらにAIは、プロが打った2～3000万局のほかに、AI同士で一日に、10万局対局させ、その「勝利への手」のデータが蓄積されている、などを考えると、もはや、AIのデータを相手に勉強するほうが、強い人間を相手にするより良い時代に入った、といえます。

「脳の活性化」の特効薬は数独、クイズ、パズル

数独、クイズ、パズルは脳の活性化に一番手軽な手法と最近人気沸騰である。ゴルフ友達の一人、杉戸大作氏がこの度・改訂版「クイパルを楽しもう～クイズとパズルで脳を活性化～」を出版された。氏は元名古屋市長・杉戸清氏の長男で、1933年生まれの役人経歴主だが、ゴルフも飛ばし屋で万年青年である。氏の了解を受け、文中の代表的例をいくつか掲載する。

問題1　四字熟語

四字熟語の□の中に、人の感情に関係した語を入れてください。

(例) 喜怒哀楽

（1）□色満面　（2）相□相□　（3）□心暗鬼　（4）呵呵大□
（5）□天動地　（6）悪戦□闘　（7）一□発起　（8）穏□自重
（9）□□至極　（10）沈思黙□

問題2　文字の穴埋め

次の□に水に関係した文字を入れてください。

（1）□降って地固まる
（2）年寄りの冷や□
（3）柳に□折れなし
（4）□をふんで堅□至
（5）煮え□を飲まされる
（6）□く子は育つ
（7）□の中の蛙大□を知らず
（8）鳶に□揚げをさらわれる
（9）□□は細流を択ばず
（10）魚心あれば□心

問題３　数字の穴埋め

タテ９列、ヨコ９列、太い線で囲まれた９つのワクの中に、それぞれ１から９の数字をひとつずつ入れてください。

		8				4		
	1		9		2		6	
4				1				5
	8		1				9	
		1				7		
	7				5		8	
3				2				6
	5		8		7		3	
		7				1		

問題4　数字の穴埋め

タテ9列、ヨコ9列、太い線で囲まれた9つのワクの中に、それぞれ1から9の数字をひとつずつ入れてください。

7					6	3		
	6			4			9	
		1	5					2
		3	2					1
	5			9			8	
4					5	7		
6					8	5		
	9			7			4	
		2	1					8

問題5　ローマ字の穴埋め

タテ5列、ヨコ5列、太い線で囲まれた5つのワクの中に「ＡＢＣＤＥ」の文字をダブらないよう、ひとつずつ入れてください。

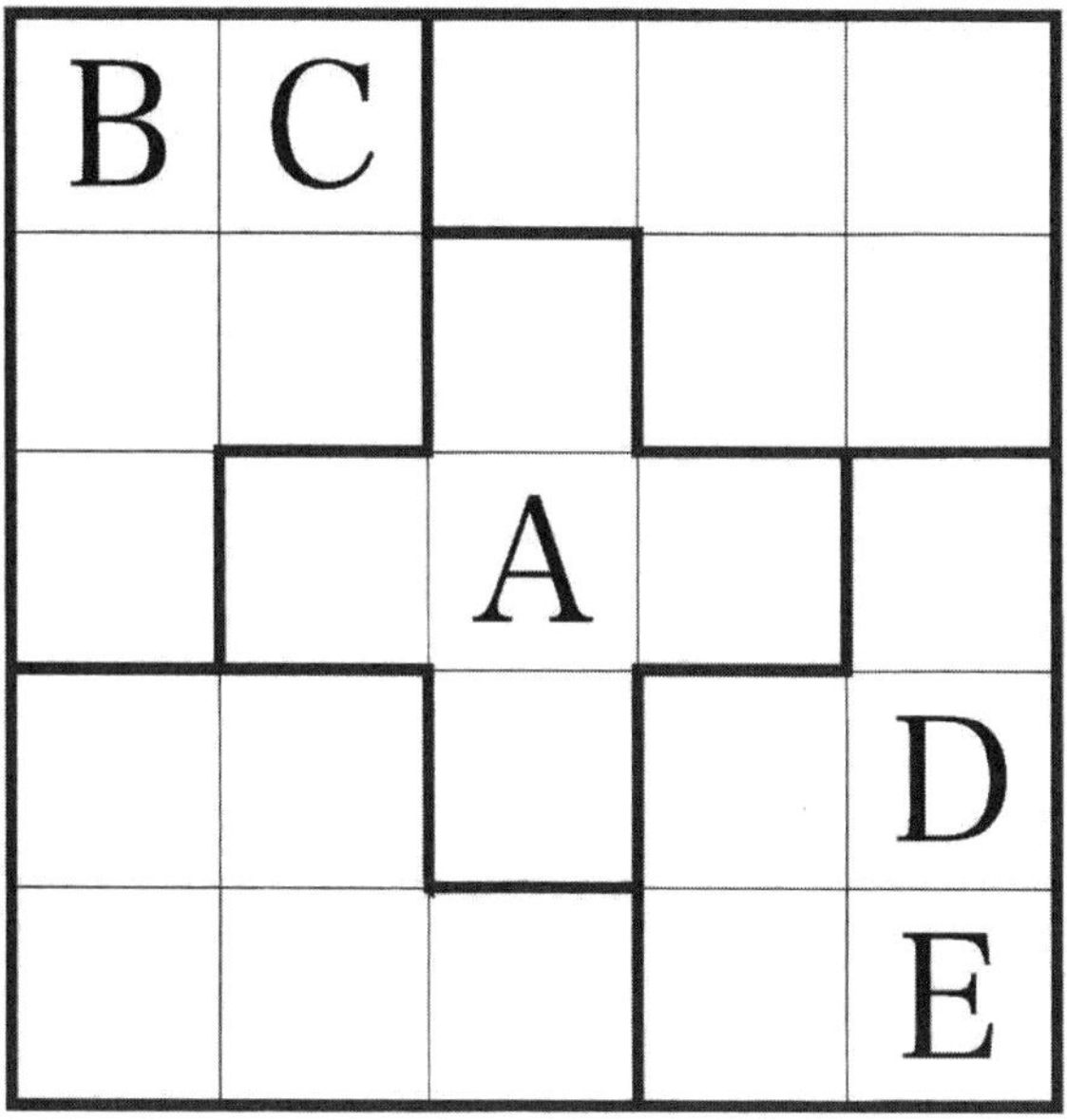

問題6　ローマ字の穴埋め

タテ5列、ヨコ5列、太い線で囲まれた5つのワクの中に「ABCDE」の文字をダブらないよう、ひとつずつ入れてください。

				B
	A		D	
C		E		
			B	

問題7　長寿の祝い

次の長寿（賀寿）の祝いの中に、二つの関係ないものがあります。何でしょうか？

卒寿　赤寿　喜寿　白寿　傘寿

古希　天賀　百賀　還暦　米寿

問題8　脳のトレーニング

ヒント：早合点しないように。

（1）机と椅子を25、000円で買いました。机は椅子より15、000円高かったですが、椅子の値段はいくらでしょうか。

（2）次の□に入る数字は何でしょうか。

T＝1　D＝1　F＝□　K＝43

（3）ある順序で並んでいる文字です。□に入る文字は何でしょうか。

初　春　夏　□　秋　□

（4）ある順序で並んでいる文字です。□に入る文字は何でしょうか。

親　人　中　□　小

（5）同一文字

日本語の片仮名と平仮名で、同じ形の文字が３つあります。「へ」のほかに何でしょうか。参考までに「り」は違います。

問題９　マジックスター

空いている円の中に、すでに入っている数字を除いた1～12の数字をひとつずつ入れて、６本の直線上の合計が、すべて26になるようにしてください。

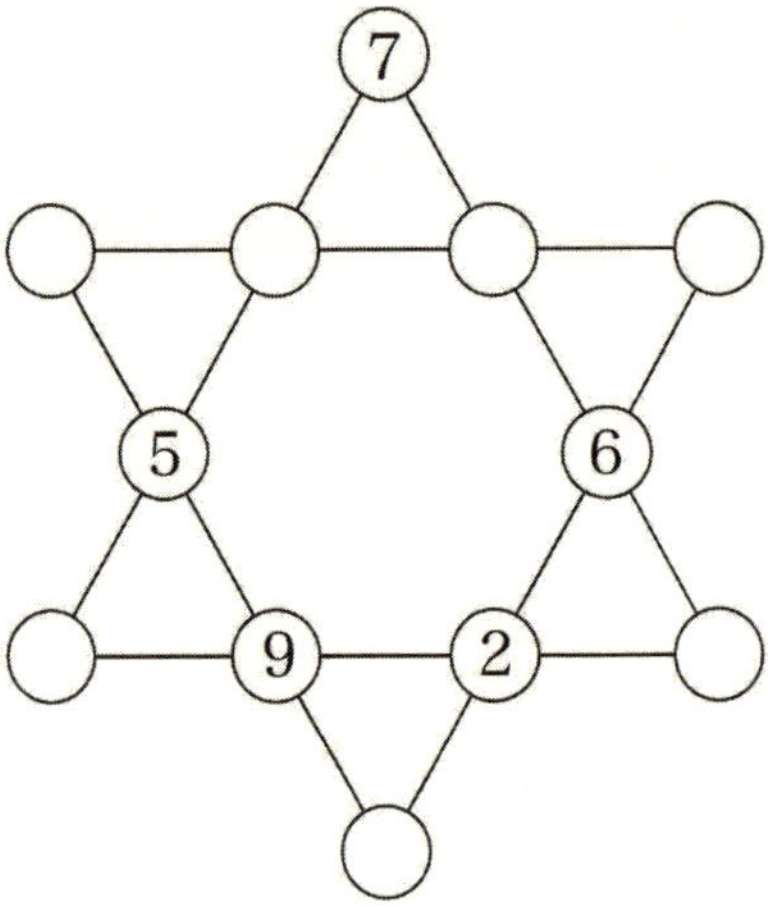

問題10　地名の本当の由来

次の地名の本当の由来をA、Bから選んでください。

1　先斗町《ぽんとちょう》（京都）

(A) 麻雀やサイコロ賭博の掛け声「ポン」と「チョウ」から。

(B) 「先端」を意味するポルトガル語の「Ponto」から。

2　石巻《いしのまき》（宮城）

(A) 北上川に渦を巻いたような大きな石があったから。

(B) 北上川の流れが石に当たって渦を巻くから。

3　道玄坂《どうげんざか》（東京）

(A) 昔このあたりに安井道玄という医者がいたから。

(B) 昔このあたりに山賊の首領・道玄がいたから。

4　日立《ひたち》（茨城）

(A) 日立製作所とその系列会社が大きな地位を占めているから。

(B) 茨城はかつて「常陸国。ひたちのくに」と呼ばれていたから。

5
指宿《いぶすき》（鹿児島）
（A）指の形をした山の麓に宿があったことから。
（B）天智天皇が「湯の豊かな宿がある」と指差したことから。

6
狸小路《たぬきこうじ》（札幌）
（A）明治のはじめにこのあたりに狸が出没したから。
（B）明治時代に私娼が出没し男をたぶらかしたから。

7
秋葉原《あきはばら》（東京）
（A）秋になると美しい紅葉の木が沢山あったことから。
（B）大火のあと日除けの「秋葉大権現」を祀ったことから。

8
国立《くにたち》（東京）
（A）地元の大地主「国川」と「立川」の名前から。
（B）国分寺の「国」と立川の「立」から。

9
七宝町《しっぽうちょう》（愛知）
（A）地元神話に出てくる七つの宝を祀った「七宝神社」から。
（B）地元で工芸品・七宝の生産が盛んだったから。

10
渋谷《しぶや》（東京）

(A) 谷に渋柿の木が沢山あったから。

(B) 赤さび色をした川があったから。

【解答】

問題1 (1)喜 (2)思愛 (3)疑 (4)笑 (5)驚 (6)苦 (7)念
(8)忍 (9)恐悦 (10)考

問題2 (1)雨 (2)水 (3)雪 (4)霜、氷 (5)湯 (6)泣 (7)井、海
(8)油 (9)河、海 (10)水

問題3

2	9	8	3	5	6	4	1	7
7	1	5	9	4	2	3	6	8
4	6	3	7	1	8	9	2	5
6	8	2	1	7	4	5	9	3
5	3	1	6	8	9	7	4	2
9	7	4	2	3	5	6	8	1
3	4	9	5	2	1	8	7	6
1	5	6	8	9	7	2	3	4
8	2	7	4	6	3	1	5	9

問題4

7	8	4	9	2	6	3	1	5
2	6	5	3	4	1	8	9	7
9	3	1	5	8	7	4	6	2
8	7	3	2	6	4	9	5	1
1	5	6	7	9	3	2	8	4
4	2	9	8	1	5	7	3	6
6	1	7	4	3	8	5	2	9
5	9	8	6	7	2	1	4	3
3	4	2	1	5	9	6	7	8

問題5

B	C	D	E	A
D	A	E	B	C
E	D	A	C	B
C	E	B	A	D
A	B	C	D	E

問題6

E	D	A	C	B
B	A	C	D	E
C	B	E	A	D
A	E	D	B	C
D	C	B	E	A

問題7　天賀　赤寿

問題8　（1）5、000円　（2）2（都道府県）　（3）大相撲本場所の名称：名　九（初場所、春場所、夏場所、名古屋場所、秋場所、九州場所）　（4）薬（指の名称：親指、人差指、中指、薬指、小指）　（5）べ　ぺ

問題9

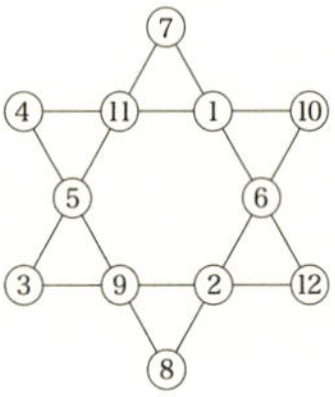

問題10　すべてBが正解

一袋の知恵は、一貫の真珠に優る

知恵とは、物事の理を考え、判断し処理する心の働きをいう。本当の知識は、知恵を発達させる。そうであれば、今の教育、断片的な知識の詰め込みは、あまり意味がないような気がする。子供（大人もそうだが）に、興味を持たせなければ進歩はない。夢中になれるように仕向けなければならない。一つは、良書を読ませること。または読んで聞かせること。今一つは、ほめて励ますことだと思う。教育は、人間関係だ。

「やって見せ、言って聞かせて、させてみて、ほめてやらねば人は動かじ」（山本五十六、日本海軍軍人・第26～27代連合艦隊司令長官）

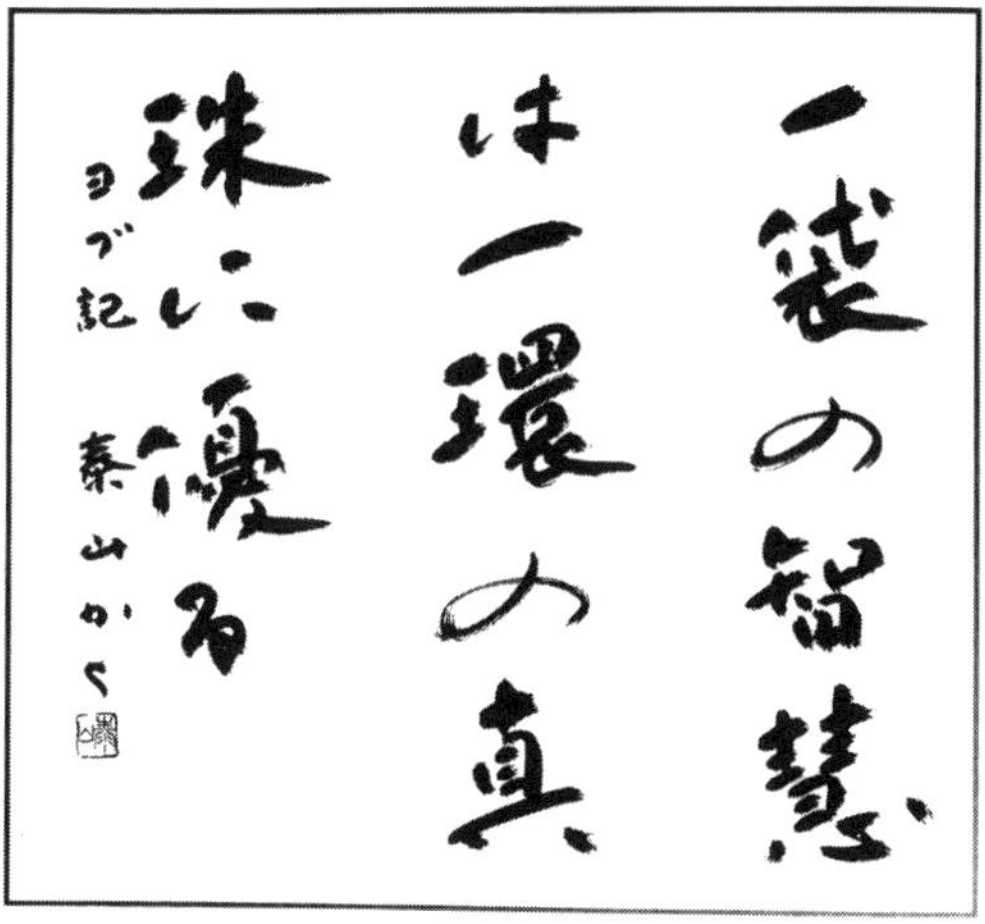

泰山かく

◆コーヒーブレイク

無責任人間の名言

人は転ぶと坂のせいにする。坂がなければ靴のせいにする。靴がなければ石のせいにする。なかなか自分のせいにしない

これはヨーロッパの諺であるが、日本にも「三日坊主」という似たような諺がある（僧の修行というのは、早朝から勤めが始まり、食事も精進料理で規則正しい生活を強いられる。せっかく出家しても、中途半端な気持ちでは修行の厳しさを乗り越えられず、三日経ってから還俗、すなわち、出家した人が再び俗人に戻ることをいう）。

この三日坊主の原因をヨーロッパ風にいうなら「私は何も悪くない、ただ相手が悪いだけだ」となる。この言葉を使うと、実に気が楽になる。けだし、無責任人間の名言なり。

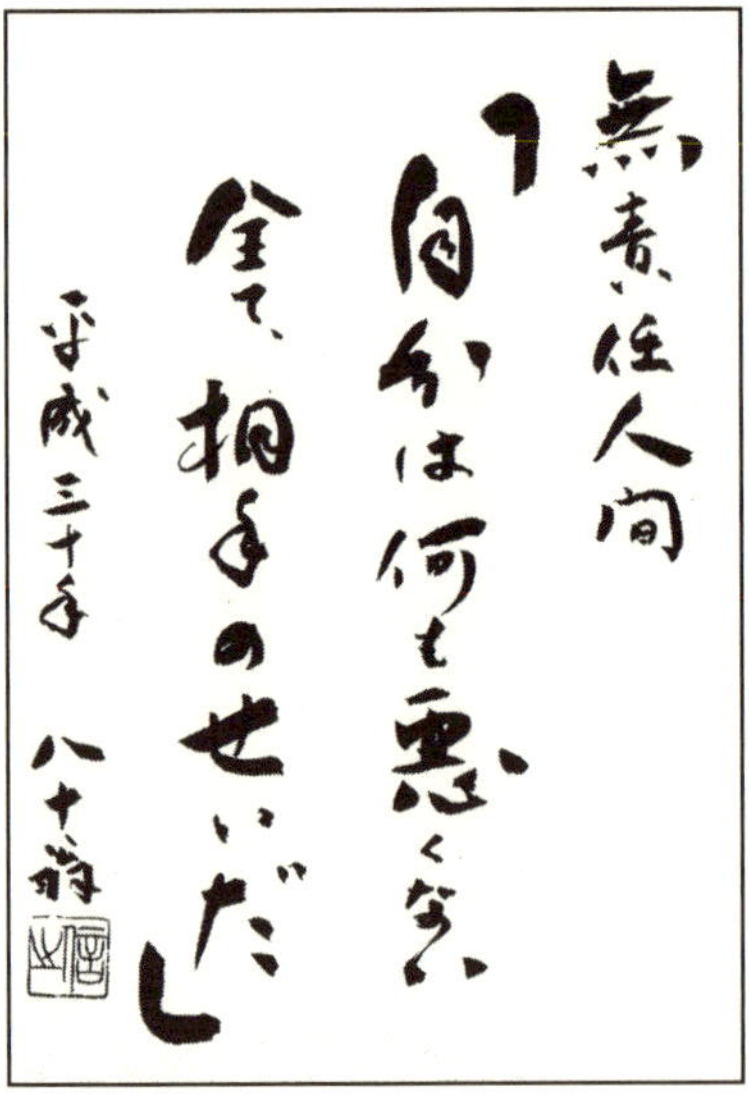

八十翁書

第六章　先人たちの偉業に敬意

為せば成る、為さねば成らぬ何事も、
成らぬは人の為さぬなりけり

これは、江戸時代後期、米沢藩主上杉鷹山が家臣に、教訓として詠んだ歌である。何事も強い意志をもって事に当たれば、必ず成就する、というやる気の大切さを説いた名言なり。

その一　八十歳の手習い、星山君子さん
有能なものは行動し、無能なものは講釈をする

五、六年前、我が家に遊びに来られた友人のお母さんに、「書道を習いたい、どうしたらいいですか？　何せ、筆というものを手にしたことは一度もないんですが」と尋ねられた。

その人の名は星山君子。１９３３年（昭和8年）7月25日生まれ。

私はそれなりに準備すべきことについて説明した後、次のように付け加えた。「下手でも構わない、できるだけ早く小さな作品を書いて部屋に飾ってください」と。

半年も経たないうちに、彼女は練習で書き上げたものをいくつか私に見せに来て下さった。私は彼女の上達ぶりに感心したのは当然であったが、それ以上に彼女の生き生きした顔に驚いた。それもそのはず、彼女は津村清悠という適切な先生に恵まれた。先生に師事すること五年、めきめき腕を上げ、いくつかの掛け軸作品を書き上げるまでになったのです。

そして、この度、彼女が書き上げた数々の作品を久しぶりに見せてもらった。そのうちの二点をここに紹介する。とても八十歳の手習いの作品とは思えない、まさに称賛すべき快挙といえよう。

1　柳緑花紅：詩人蘇軾《そしょく》　1036～1101年の禅林句。

柳は緑　花は紅

柳は緑色をなすように、花は紅色に咲くように、人が手を加えていない自然のままの美しさの意。

蘇軾は、当時大臣までした大物政治家でもあったが、文は唐宋八大家の一、詩は宋代一と称せられ、この詩にもあるように自然派。また、「人世は寄するがごとし」といった人生哲学を備えた文人としてスケールの大きい人物であった。

2　松無古今色：禅語・松に古今の色無し

松は「目出度さ」が象徴されていて、長い歳月を経ても常に緑の色を変えることが

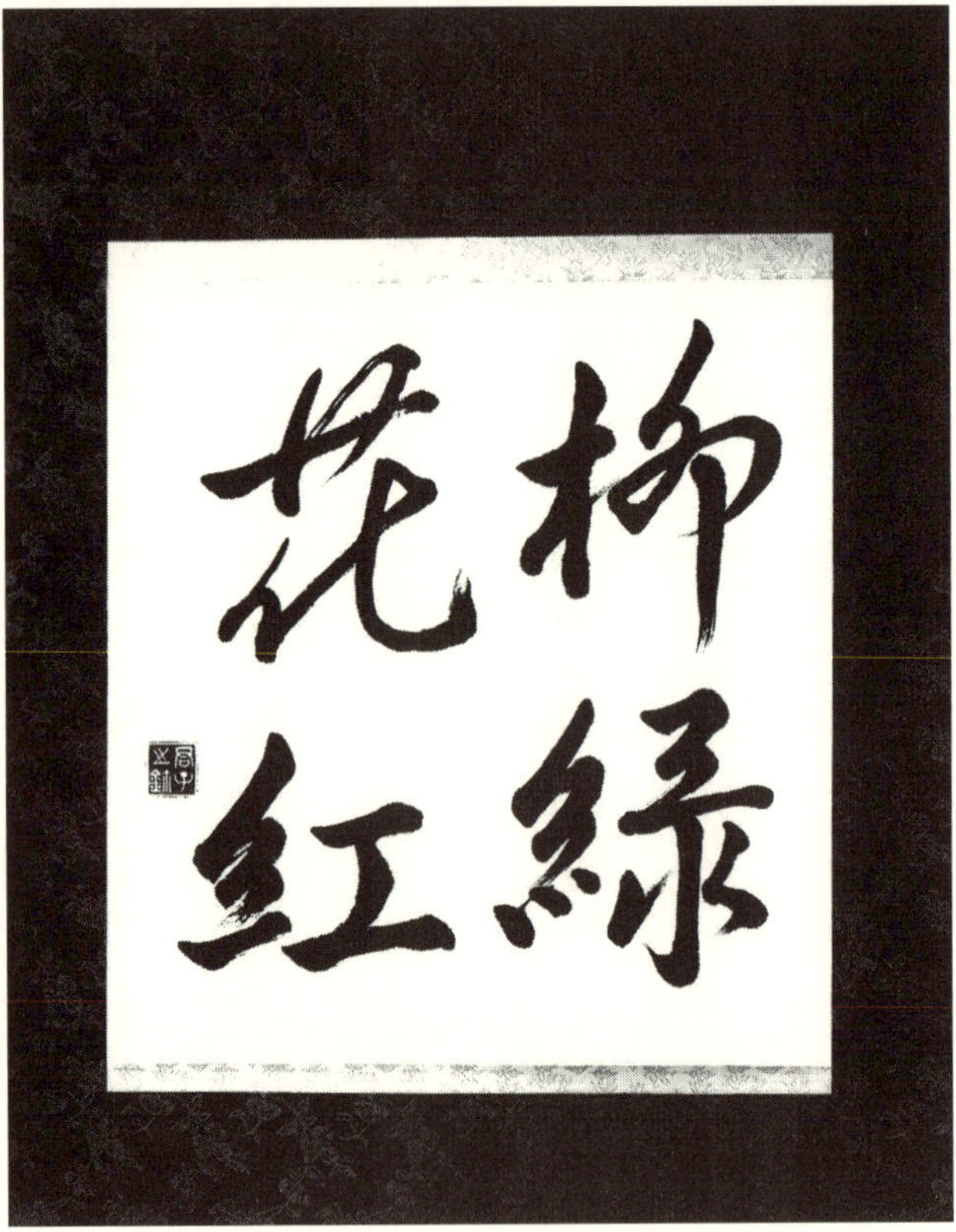

星山君子書

ない、一色平等を表しているの意。

松は、日本庭園にはなくてはならない日本人が最も好きな木。能の舞台にも松は不可欠です。また、東海道五十三次街道の松はその最たる例であり、今でも池鯉鮒《ちりふ》、現在の知立には東海道五十三次の名残りある松並木街道がみられる。星山さんは、その付近に住んでおられることからこの句を選んだのでしょう。

星山君子書

小学生　東海道松並木　安井信之書

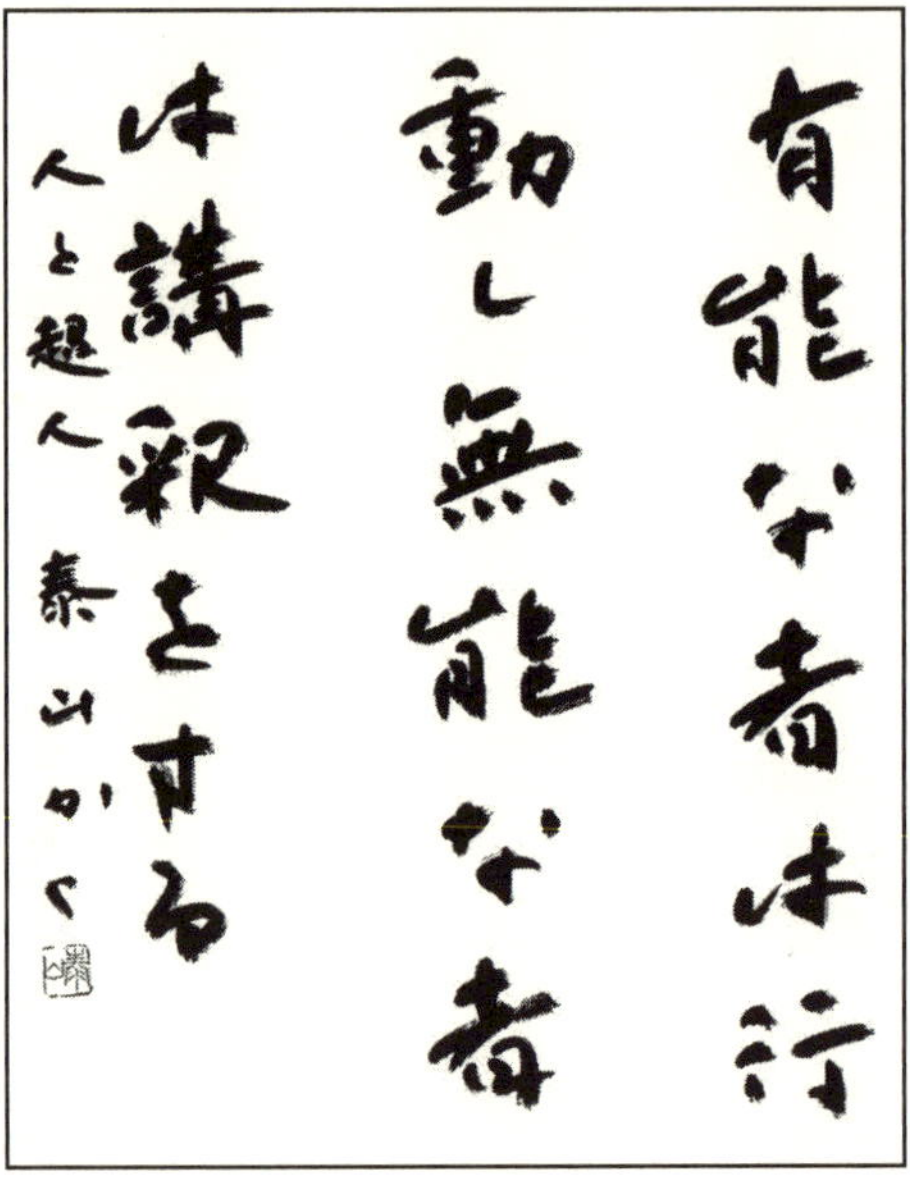

泰山かく

その二「論語読みの論語知らず」

倫理問答：こんな時、孔子ならどうするか？

カントならどうするか？

あなたならどうするか？

世界の東西を問わず、哲学者たちの名言には異口同音に人間性に関する指摘が多い。中でも際立っている言葉に「仁」「礼」「徳」「信」「善」「愛」「義」「和」「誠」などがあり、まるで仁人、徳人、誠人を目指せと言われているような気がする。

それでは、こんな場合に哲学者たちはどういう行動をとるのだろうか？　ちょっと尋ねてみたい。

ケース１：日本で最も人通りの多い東京銀座４丁目の角、歩行者は赤信号の時は当然立ち止まって待つ。しかし、夜中の12時ともなればさすがに人通りもまばらである。赤信号であったが、一人が、車の気配が全くないことを確認して歩道を渡ろうとしている。赤信号にも拘わらず渡るのは明らかに道路交通法違反である。

さて、あなたならどうしますか？

私が推定する答えは、

孔子：私の時代の２０００年前には、自動車も、信号もなかったのでよくわからないが、車が来ないことを、しかも、人に迷惑が掛からないことが確認できれば、赤でも渡ってよいと思いますよ。

カント：いかなる場合でも、規則違反でダメ、渡るな！

ケース２：遮断機が下りている道で、電車が通過するのを多くの人が待機している。電車がまさに通過しようとするとき、一人の子どもが突然遮断機をくぐって渡り始めた。待っていた一人が「危ない！」と叫びながら、子どもを助けに遮断機を潜り抜けようとしている。

さて、あなたなら、助けに行きますか？

私が推定する答えは、

孔子：危ない人を助けたい気持ちは当然であるが、自分までが死んでしまっては元も子もない。勝手ながら、自分も大丈夫と確信が持てるようなら、助けに行く、さもなければ行かない。

カント：絶対に助けに行く、死んでも行く。「自分が危ないなら行かないけれど、危なくなければ行く」そんな勝手な行動は、孔子が言っている仁、徳、義などに反しますよ。

ケース1、ケース2の答えは、倫理学上では全部が正しいのです。

孔子の答え：ケース1の場合、何ら人に迷惑をかけない、ケース2、人命救助に成功するという結果があって初めて正当化されるのであって、自分までが死んでしまう結果になっては、「助けようの行為」は正当化されない。自分まで死んだら、この世では浮かばれない、という考え。

この考えは、規範倫理学上の「帰結主義」、すなわち結果を重視する考えに立脚する。

カントの答え：ケース1であろうとケース2であろうと結果が良ければよいが、悪ければ良くない、そんな勝手な考えはダメ！　哲学者たちが名言として語っている人間の「仁」「礼」「徳」「信」「善」「愛」「義」「和」「誠」など、どうでもよいということですか？　正義感はどこへ行ったのですか？

人命救助に失敗した人は、この世では浮かばれないかもしれないが、あの世では絶対に浮かばれるのです、という考え。この考えは、規範倫理学上の「非帰結主義」すなわち、行為の価値は結果で判断するのではなく、行為に先立つ事象、あるいは、行為に伴う事象をもって正当化されるべきである、という考え方に立脚するのです。

二人の答えを聞いたアリストテレスは、次のようにコメントをする、と私は想像します。彼曰く、

『倫理は論じるものではなく、実践し、そのように生きてこそ意味のある事柄である。「論語読みの論語知らず」といった口先ばかりで実践の伴わない人間は失格です。私が主張する「規範倫理学」とは一言でいうなら「べき論」です。「会社はどうあるべきか」「人はいかに生きるべきか」のような時に使われる「べき」、英語では、「should」「ought」に該当します。参考までに、帰結主義論者は、徳を特に重視する私アリストテレスはじめ、ベンサム、ミルなど、非帰結主義論者は、カントを筆頭に、ヘーゲル、マルクス、毛沢東などです』と。（『ビジネスの倫理学』梅津光弘著　参照）

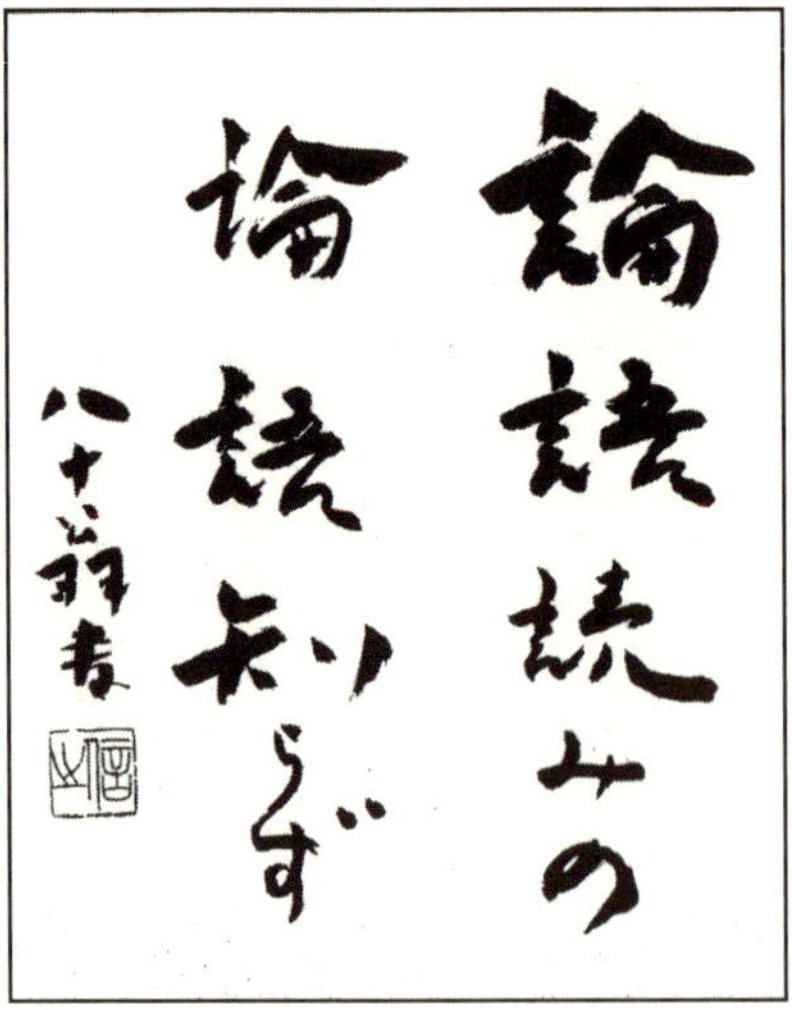

八十翁書

◆コーヒーブレイク

ドイツ哲学者：エマニエル・カント（1724〜1804年）

彼は規則正しい生活習慣で知られている。決まった道筋を決まった時間に散歩する、時間が正確なので、人々はカントの姿を見て時計の狂いを直したといわれたぐらい。ある日、いつもの時間にカントが散歩に出てこないので、人々は何かあったのかと騒ぎになった。その日カントはルソー（1712〜1778年）の「エミール」を読みふけってしまい、いつもの散歩を忘れてしまったのである。カントは「私の誤りをルソーが正してくれた。目をくらます優越感は消え失せ、私は人間を尊敬することを学ぶ」と述べている。

カントの名言の一部：

○崇高なものは、我々を感動させ、美しいものは我々を魅了する。森は夜崇高があり、昼美しい

○哲学は学べない、学ぶのは哲学をすることだ

○内容のない思考は空虚であり、概念のない直感は盲目である。

○動物に対して残酷な人は、人間関係においても容赦ない。我々は、動物の扱い方によって、その人の心を判断することができる。
○我が行いを見習えと、誰にでも言いえるように行為せよ
○高慢な人は常に心の底で卑劣である

その三　２０１８年平昌冬季オリンピック、日本チームが生んだ「勝利の方程式・仁の世界」

仁人《じんじん》は天下に敵なし　仁を好めば、天下に敵なし

孟子曰く、「仁人には天下に敵なしであるから、もし一国の主が仁を好めば、天下中を探してもこれに敵しうるものはない」

百花繚乱との評価を得た２０１８年平昌冬季オリンピック・パラリンピックは過去最高の成績を収めた。そこには、日本人らしい独特の勝利への方程式が見られた、と確信する。特に団体戦、例えば女子カーリング、また、スケート・パシュートなどにおいて。俗にいう「チームワークの勝利」には違いないが、それ以上に「人間性の深さ」を垣間見ることができる。一般的に「チームワークの勝利」の要因は、「努力」、「協

力」、「助け合い」、「思いやり」、「愛」などの総合的積み上げの成果といえよう。しかし、今回の彼女らの勝利は「彼女らの豊かな人間性」に起因する、すなわち、「仁」の世界を皆で作り上げた結果であると信ずる。改めて、「仁」の字をかみしめてください。

孟子は、さらに、「仁《じん》」について、次のように表現している。

「仁」とは人なり

「仁」なるものは人なり

「仁」は徳の光なり

「仁」は人の安宅なり

「仁」は人の心なり

「仁人《じんじん》は天下に敵なし」

「仁を好めば、天下に敵なし」

彼女らの勝利は、チーム全員が「仁」の世界に住み、「仁人」になった。よって、文字通り「仁人は天下に敵なし」で勝利した。

八十翁書

◆コーヒーブレイク

～２０１８年平昌冬季オリンピック・パラリンピック成績～

日本選手団のメダル獲得成績は、オリンピック：金４、銀５、銅４　計13個

パラリンピック：金３、銀４、銅３　計10個

日本チーム全体のまとまりが、「仁の世界」を演出したといえるが、中でも際立ったのは、カーリング女子の本橋麻里、吉田夕梨花、鈴木夕湖、吉田知那美、藤澤五月。スピードスケート、マススタート、パシュートの小平奈緒、高木菜那、高木美帆、菊池彩花、佐藤綾乃といえよう。

個人のメダリストは、スキー・ジャンプの高梨沙羅、フィギュアスケートの羽生結弦、宇野昌磨、スキー・ノルディック・ノーマルヒルの渡部暁斗、スキー・スノーボード・ハーフパイプの平野歩夢、スキー・スノーボードの成田緑夢、スキー・モーグルの原大智、アルペン・滑降の森井大輝、スキー・滑走の新田佳浩、スキー・アルペン・大回転・滑降・複合の村岡桃佳であった。

その四　「輸入産業を輸出産業へ」の夢に挑戦した男

夢の中に、又その夢を占う

ブラザー工業株式会社創業者・安井正義の百余年前の会社創業精神三点は、
○働きたい人に仕事を作る
○愉快な工場を作る
○輸入産業を輸出産業にする、であり、この創業精神は額入りで、会社が東京証券取引所に上場するころまで社長室に飾られていた。

◇創業の精神一　働きたい人に仕事を作る
２０１８年の今日、我が国は世界の中で経済大国に成長した。求人倍率が全国平均1.5倍～２倍の売り手市場であることは、百年前には想像だにできない夢の世界であった。カーライルの言うように、働きたい人は、いつでも働くことができる世の中でありたいものである。

人は働くために創造せられた
瞑想し感じ又は夢みるためではない

カーライル（イギリスの思想家・評論家、19世紀）曰く、「人は働くために創造せられた。瞑想し感じ又は夢みるためではない」と。

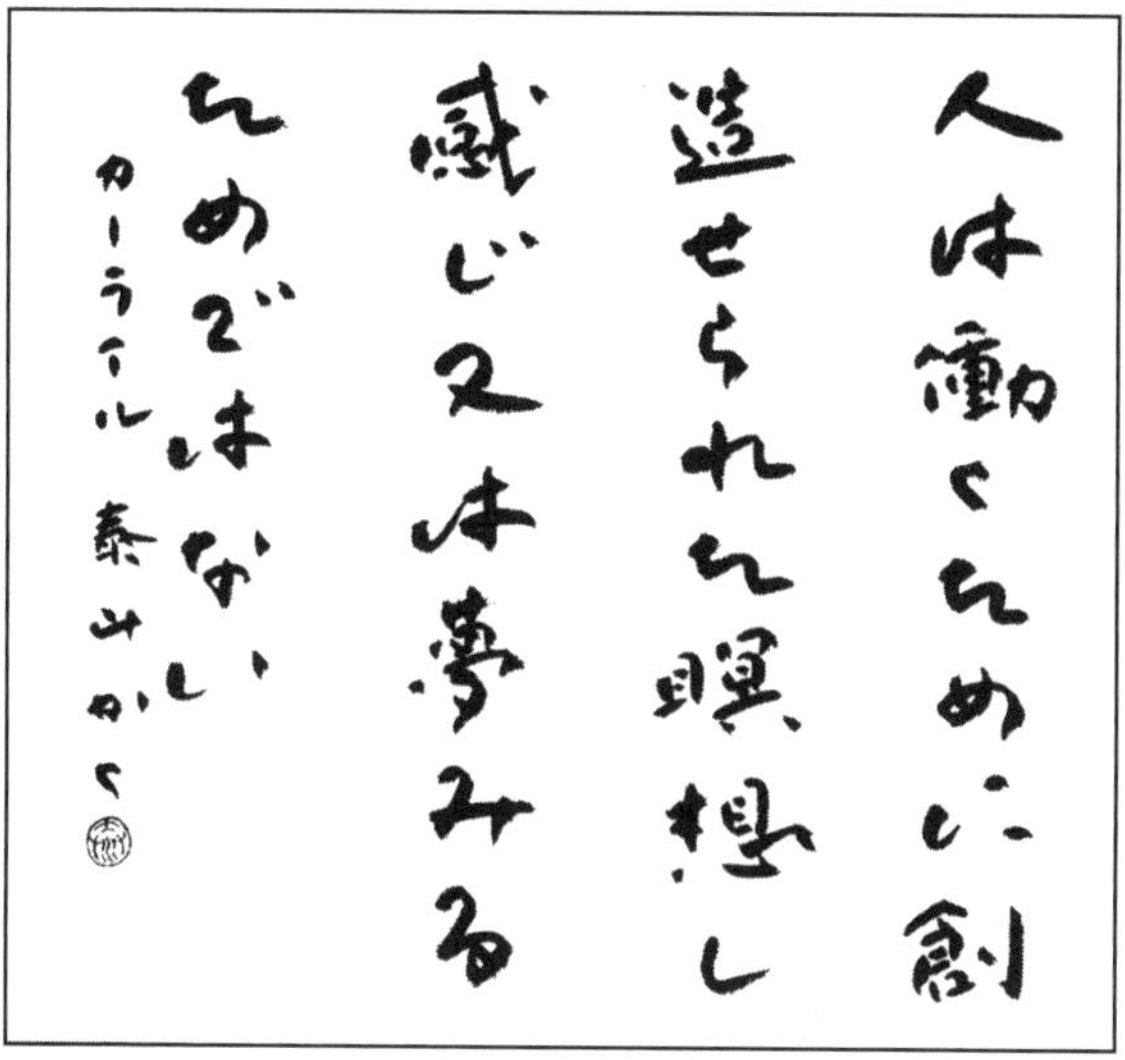

泰山かく

◇創業の精神二　愉快な工場を作る
〜すべてが楽しく、時を忘れる創業者との会話〜

魅力ある人間とは一体どんな人か？　男であるか、女であるか、また年齢によっても多少異なる。私の周辺には、実に生き生きと、しかも楽しい人生を送っている人が多い。彼らの大半は、教養に満ちて、人格的にも優れ、人間的魅力を随所に感じる人たちである。幸か不幸か、私は大学を卒業して間もなく両親を亡くしたため、伯父の経営する会社（現ブラザー工業株式会社）に、いきなり役員の末席に据えられた。当然ながら、仕事の相談相手、出席する会議体のメンバーは自分の父親の年齢に近い人が多かったため、彼らに面談するときは随分神経を使ったものだ。話しやすい人、そうでない人、しかも前もって相当準備しておかないと太刀打ちできない人たちばかりであった。

そんな中で一風変わった人物がいた。創業者・安井正義であった。会社は、私が入社した翌年に東京証券取引所に上場した。私は企画部門の担当を命じられた。近代経営にふさわしい文書管理規程、職務権限規程、会議体規程、業務計画、長・短期経営計画、利益計画、それらにまつわる製造、販売、設備、人員、工数計画などを社内全部門が共有すると同時に一元化・見える化させることが仕事であった。

しかし、それら諸規程、計画書などは創業者には全く関係なく無頓着であった。寧ろ迷惑であるとさえ感じていたようだった、それらのすべてが頭の中に入っているからである。彼は無口で、自己主張したり、他人を批判したりすることは全くしない。したがって多くの従業員を前に訓示をしたことは一度もなかった。ところが、従業員が自分の意見を述べたり、提案するために彼に会いに来ることは大歓迎であった。来る人が役員であろうと、平社員であろうと、どの部に属しているのか全く関係がない。一日に一回は必ず工場へ行かないと落ち着かない。彼は徹底した現場主義であったから、現場での仕事中に論議が始まることは日常茶飯事であった。創業の精神「愉快な工場を作る」そのものである。時には名前すら知らない従業員と、興味ある内容なら時間も無制限である。

困ったことに、創業者の答えはすべて即決であるから、対応した社員の上司はたまったものではない。上司が、部下から創業者との話内容を聞く間もないぐらいの時間に、創業者から「あの件、その後はどうなった?」と催促が入る。彼には趣味などない、仕事が趣味である。創業者が身を乗り出し、相談に乗ってくれる内容は、決まって生産性の高い、また、夢につながるものであった。

打てば響くとは、彼との対談である。彼との対談は充実感であふれるばかりか、楽しくてしょうがない、逆にそうでなければ、対談は成立しない。叱られた時も多い。

しかし、怒られた後が実に爽やかであるのはなぜだろうか。愛情というものだろう。いつも相手にほのぼのとした温かさを感じさせる。時間を忘れ、遊びに夢中な子供みたいにとことん議論できるなんて、なんと素晴らしいことではないか。なぜだろう、それは彼に夢があったからだろう。

仕事が楽しみなら人生は極楽だ
仕事が義務なら人生は地獄だ

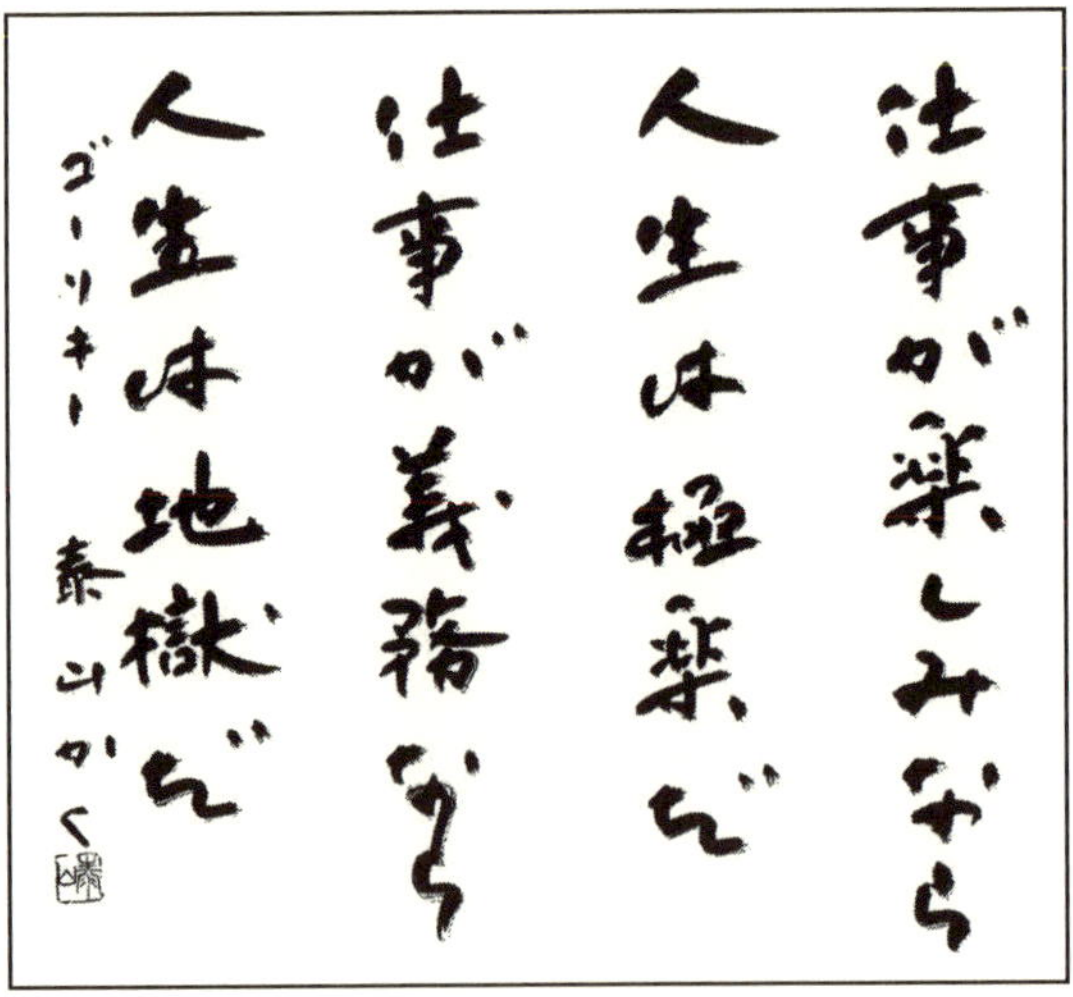

泰山かく

◇創業の精神三　「輸入産業を輸出産業にする」の夢

荘子曰く、「夢の中に、又その夢を占う」夢を見て夢とは知らず、その夢の中で今みた夢の吉凶を占う、の意。

人生は結局夢のまた夢である。人は良い夢を見れば喜び、悪い夢を見れば悲しむ。しかし、それも結局は夢の中のことだと悟るべきである。

夢見る人曰く、「奇跡を願うのは自由だが、奇跡に頼ってはいけない。夢はしょせん幻である。しかし努力次第で、夢に近い奇跡が起こることはあるかもしれない」

創業者は25歳の時、両親を失った。そのとき彼を筆頭に10人の兄弟姉妹がいた。父・兼吉、母・とも、は家族愛と夢を抱いていたのだろう。長男・正義、次男・種雄、三男・時雄、四男・実一、五男・友七、六男・義一、そして、長女・あや子、次女・みや子、三女・つや子、四女・志ず子、の10人。長男から四男までの名前は、正しく、種が、時に、実る、五男は、母「とも」の七番目の子で友七、六男は長男正義の再来を期し義一、と命名の苦労が伺える。

父親・兼吉がドイツのデュルコップ、パフ、米国のシンガーミシンなどの修理・販売業者であったことから、それを継ぐことは当然であった。しかし、百余年前の日本には仕事がなかったことから、「ミシンは輸入ではなく、国産化を目指し、将来は世界に輸出することを夢」とした。10人の兄弟姉妹、それにそれぞれの配偶者を加えて20名の総力で、スクラムを組み、作り上げたことから、ミシンのブランドは「ブラザー」、「シスター」、「スクラム」とした（結果、「ブラザー」のみが有名に）。

そしてミシン産業は第二次世界大戦直後の昭和20年代には日本の代表的輸出産業に、自転車、玩具などと並んで成長し、日本の外貨獲得に多少なりとも貢献することができた。自動車、機械産業等が輸出し始める以前のことであったため、小さなミシン業界であったが、（当時の）通産省の評価は高かった。

会社創業精神三点は、

○働きたい人に仕事を作る
○愉快な工場を作る
○輸入産業を輸出産業にする

かくして、安井正義の夢「ミシンの輸入産業を輸出産業にする」は実現した。

八十翁書

その五　福沢諭吉の偉大さは「愛」

愛はすべてを乗り越える

巨人、福沢諭吉の人と功績について、敬愛をもって後世に伝えたのは小泉信三先生である。この巨人の見方について一つのエピソードが小泉先生の「姉弟」という短文に記されている。小泉姉弟は、父の死後しばらく福沢の庇護を受け、福沢の屋敷で育てられたのであるが、その先生にとっては一人の姉が72歳で世を去る前のある日、先生はふと思いついて、姉の福沢諭吉観を聞いてみた。「福沢先生の偉いところはどこだろう」と、先生は尋ねた。「それは愛よ」姉はすぐ答え、少し付け加えて、福沢がいかに人を愛する人であったかを語ったという。

先生はそれについて、「この答えは私にとって全く意外ではなかったが、ちょっと虚を突かれたような感もあった。福沢の偉大さといえば、我々はどうしても、日本の近代化に対するその貢献をまず考える。この人の真の偉大さは、人を愛する人であったことにあるという事は、その時私には思い及ばなかったのである。しかし、姉の言葉を聞いているうちに、私は或いはそれが本当かもしれぬ、福沢先生の著述などあまり多くは読まなかった私の姉が、女の直感で、かえって福沢諭吉の真の偉大さを知ったかもしれぬ、というような感じもした」と記している。

私はこの短文を読んで大いなる感激に浸ったのである。人間の魅力の一つは、我々がややもすると失いがちの、人を愛することの重みである。洋の東西、男女を問わず、人を愛する気持ちを抱き、人に接すれば、世界はすべて平和になれるに違いない。

八十翁書

その六　信念の人：内山正熊先生の人生航路

仁は人の心なり　義は人の路《みち》なり

仁は人の心の自然であり、義は人の踏み行うべき正当な道だ。にもかかわらず、この道を捨てて踏み行おうとせず、この心を放ち失って求めることを知らない人が多いのは悲しいことだ、の意。

「日本が進むべき道は、アジアの一員として特に隣国の韓国、特に中国と友好関係を持ち、世界平和に貢献すべきである」生涯一貫してこの思想を貫いた男がいた。（故人）内山正熊慶應義塾大学教授である。第二次世界大戦後、我が国は急速な復興を遂げた。時の政治家で最も歴史的人物は、昭和21〜29年総理大臣を務めた吉田茂（1878〜1967年）である。吉田外交方針は日本敗戦後、環境的な面からも必然的に米国中心というより、むしろ米国一辺倒に近かった。

その政策を痛烈に批判し続けたのが、吉田氏と同じ大磯に在住した内山教授であった。一日本人には違いないが、国際外交専門で自分より40歳も若い教授が機会あるごとに堂々と米国一辺倒外交政策を批判することに、吉田氏はヘキエキしていたようだ。氏は総理大臣中に「一度会って話をしよう！」と内山教授に手紙を書いたほどであった。総理大臣退任直後の昭和31年（1956年）8月15日、

吉田茂直筆の手紙

氏は内山教授に2回目の手紙を書いた（前頁写真）。

「兎に角一度話をしよう、東京でも、大磯でもよい」と。おそらく、氏は「自分は外交官として、世界中を熟知している。中国と関係を深めるのはまだ早い。その辺りを説明するから会おう」という気持ちであられたと、後日、教授も語っておられた。教授は「閣下にお会いすると、自分の信念が揺らぐかもしれない」と吉田氏との面談をまたも断った（私は内山教授ゼミナールの一学生であったので、以後は「先生」と呼ばせてもらう）。

先生は慶應義塾大学退任後の昭和58年、退職金・私財を投げうって三重県大内山町に「中国留学生のための私塾」を開設した。基本的には一年コースで、費用は全額日本もち。当時中国人が留学生として来日することは極めて困難な時代であったが、先生の熱意にほだされ、外務省も協力してくれた。以後15年間に75名の中国人卒業生を輩出した。

現在その大半は、日本、中国の大学教授（内一人は先生の後を継いで慶應義塾大学商学部教授）として活躍している。15年間の総運営費用は軽く1億円を超えたが、先生のゼミOB、学生一同、約千名も懸命に協力した。それを知る中国人卒業生たちは、現在、日中民間外交の懸け橋になっている。

信念の人・内山正熊先生の偉業に万歳！

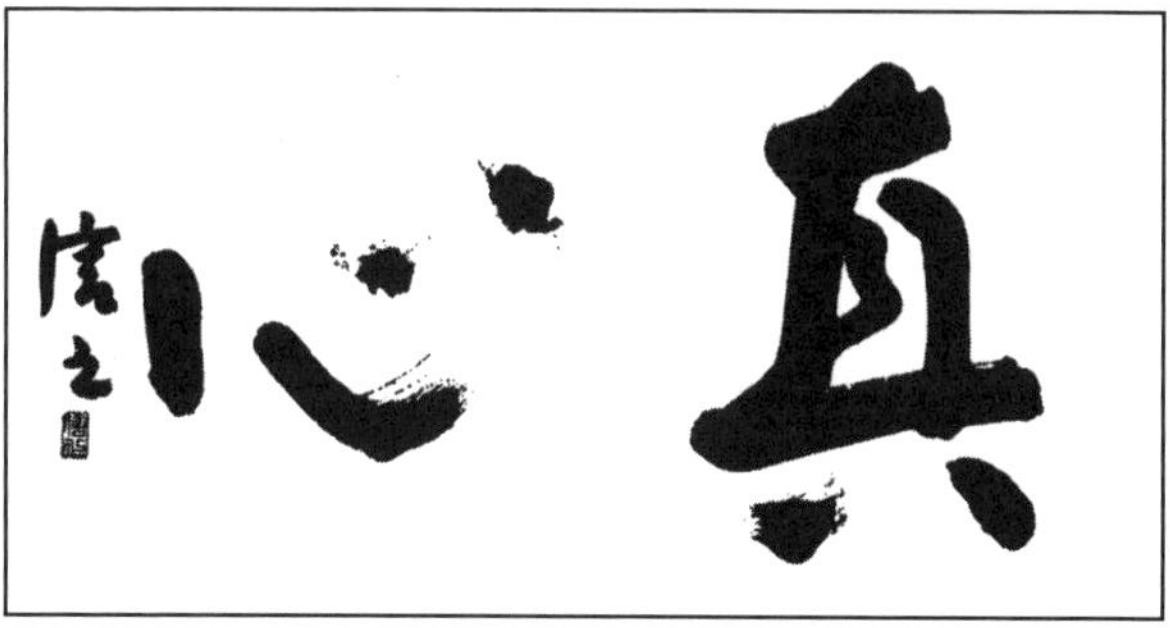

八十翁書

おわりに

世界の名言の数々にはただ感銘あるのみです。多くの名言は、哲学者、思想家、実業家、文化人らによるものであるが、ほぼ共通して言えることは、いずれの名言の中にも人間のあるべき原点、「仁」「礼」「徳」「信」「善」「愛」「義」「和」「誠」などの内容を垣間見ることができることです。

とはいえ、奥深い名言を人にわかりやすく紹介することは、簡単ではありません。

ショウペンハウエルの言葉、

「**大切なのは普通の語で非凡な内容を表わすことだ**」

を心して書いてみたつもりです。

それにしても、浅学菲才の自分なるが故、強力な助っ人が必要です。そこで、私の尊敬する漢学者であり書道家の吉岡泰山先生にお願いしました。先生の著書『毒舌と名言の人間学』を大いに参考に、さらに、先生の自書作品まで、引用させていただく了解を得ました。心より感謝申し上げます。

各世界にみられる「名言」が皆さんの人生行路に少しでも参考になればこの上なき

幸いであります。

２０１８年11月

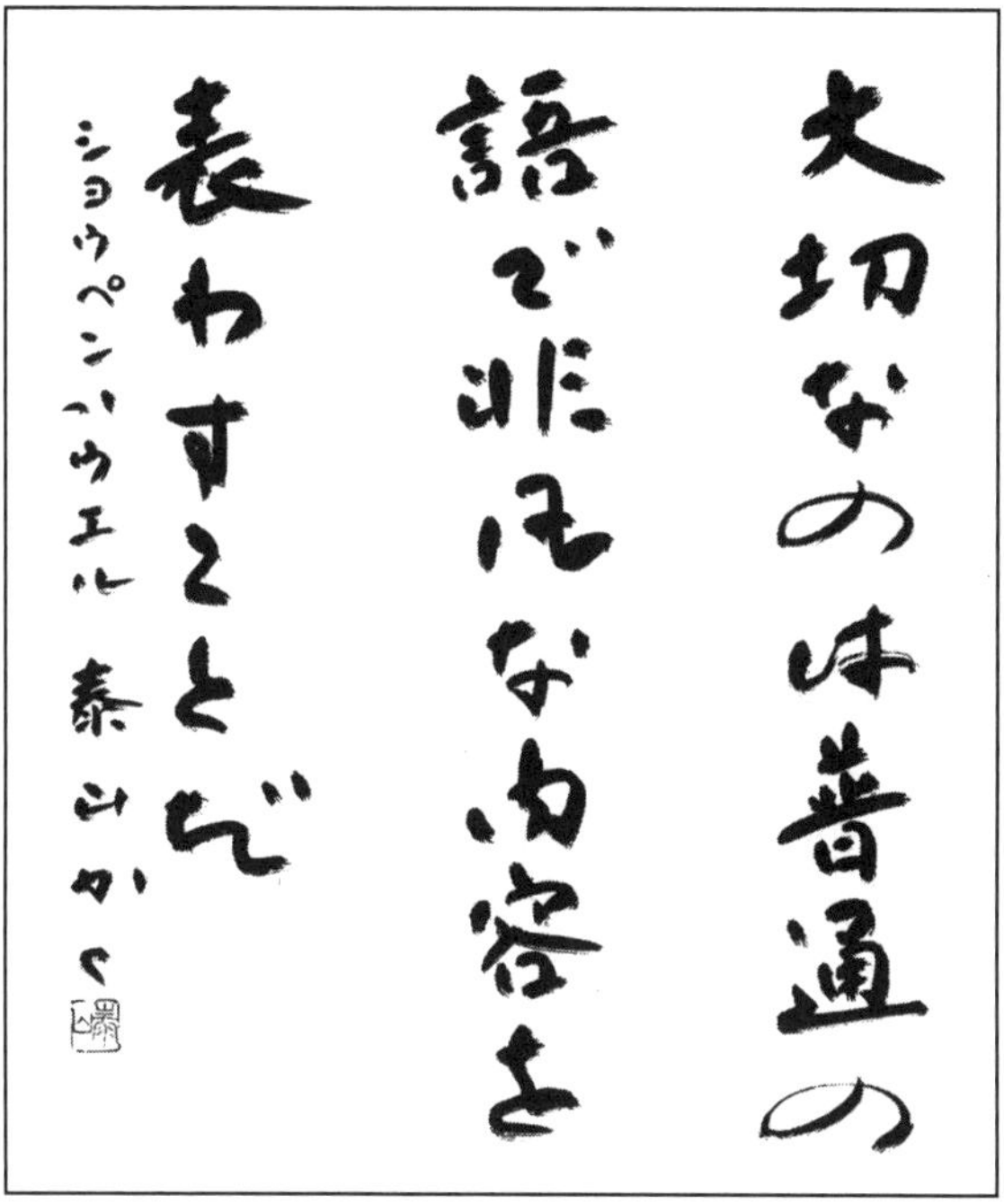

泰山かく

安井信之

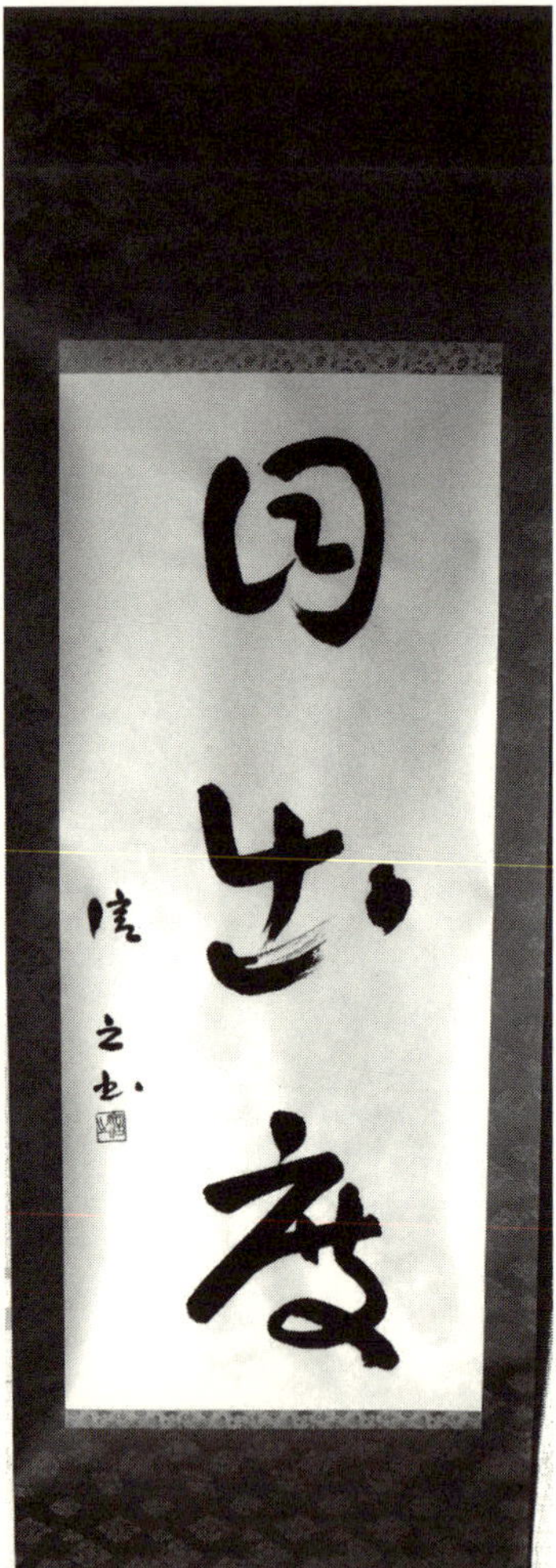

八十翁書

【著者略歴】

安井信之（やすいのぶゆき）

1938年（昭和13年）4月1日生

1956年（昭和31年）南山高校卒業

1960年（昭和35年）慶應義塾大学法学部政治学科卒業

1960年（昭和35年）～1962年（昭和37年）ロンドン大学（LSE）留学

1962年（昭和37年）～ブラザー工業（株）入社、副社長

1983年（昭和58年）～2000年（平成12年）ブラザー販売（株）社長、会長

2015年（平成27年）南山大学大学院ビジネス研究科（MBA）修了

〈業界・その他歴〉

1981年（昭和56年）～1995年（平成7年）（社）日本規格協会・中部JIS懇話会会長

1985年（昭和60年）～現在　（社）日本棋院中部総本部理事・運営委員

1987年（昭和62年）～1992年（平成4年）（社）日本工業ミシン協会会長

1992年（平成4年）（社）日本家庭ミシン協会、（社）日本工業ミシン協会、日本ミシン輸出組合、日本ミシン部品工業組合の4団体統合により、日本縫製機械工業会結成

1992年（平成4年）～1993年（平成5年）（社）日本縫製機械工業会会長

1992年（平成4年）～現在　東海日中関係学会理事、会長、名誉会長

1993年（平成5年）～2001年（平成13年）愛知県バレーボール協会会長

1995年（平成7年）～2002年（平成14年）（財）日本ゴルフ協会理事
（総務副委員長・競技副委員長）

2006年（平成18年）～日本学生ゴルフ連盟副会長、中部学生ゴルフ連盟会長

〈趣味〉

囲碁、ゴルフ、書道

【参考文献】
『毒舌と名言の人間学』吉岡泰山（今日の話題社）
『中国古典名言辞典』諸橋轍次（講談社学術文庫）
『回想十年』吉田茂（新潮社）
『ビジネスの倫理学』梅津光弘（丸善）
『学研　漢和大辞典』藤堂明保（学習研究社）

装丁　三矢千穂

人生は八十歳から　孔子ならこう生きただろう
2018年12月13日　初版第1刷　発行

著　者　安井信之

発行人　江草三四朗

発行所　桜山社
〒467-0803
名古屋市瑞穂区中山町5-9-3
電話　052（853）5678
ファクシミリ　052（852）5105
http://www.sakurayamasha.com

印刷・製本　モリモト印刷株式会社

ISBN978-4-908957-08-6 C0095